MODELAGEM MATEMÁTICA NO ENSINO

MODELAGEM MATEMÁTICA NO ENSINO

Maria Sallet Biembengut
Nelson Hein

editoracontexto

Copyright © 2000 dos autores

Todos os direitos desta edição reservados à
Editora Contexto (Editora Pinsky Ltda.)

Revisão
Sandra Regina de Souza

Projeto de capa
Antonio Kehl

Editoração e Filmes
Global Tec Produções Gráficas

Dados Internacionais de Catalogação na Publicação (CIP)
(Câmara Brasileira do Livro, SP, Brasil)

Biembengut, Maria Sallet
Modelagem matemática no ensino / Maria Sallet
Biembengut, Nelson Hein. 5. ed., 5ª reimpressão. – São Paulo :
Contexto, 2024.

ISBN 978-85-7244-136-0

1. Matemática – Estudo e ensino 2. Modelos matemáticos
I. Hein, Nelson II. Título.

00-0925	CDD- 511.8

Índice para catálogo sistemático:
1. Modelagem matemática 511.8

2024

Editora Contexto
Diretor editorial: *Jaime Pinsky*

Rua Dr. José Elias, 520 – Alto da Lapa
05083-030 – São Paulo – SP
PABX: (11) 3832 5838
contato@editoracontexto.com.br
www.editoracontexto.com.br

SUMÁRIO

APRESENTAÇÃO

"Newton não mostrou a causa da maçã caindo,
mas a similaridade entre a maçã e as estrelas."
Sir D'Arcy W. Thompson

A modelagem matemática, arte de expressar por intermédio de linguagem matemática situações-problema de nosso meio, tem estado presente desde os tempos mais primitivos. Isto é, a modelagem é tão antiga quanto a própria Matemática, surgindo de aplicações na rotina diária dos povos antigos.

A expressão, em seu conceito moderno, surge durante o Renascimento, quando se constroem as primeiras ideias da Física apresentados segundo linguagem e tratamentos matemáticos. Hoje, a modelagem matemática constitui um ramo próprio da Matemática que tenta traduzir situações reais para uma linguagem matemática, para que por meio dela se possa melhor compreender, prever e simular ou, ainda, mudar determinadas vias de acontecimentos, com estratégias de ação, nas mais variadas áreas de conhecimento.

A modelagem matemática na educação é mais recente. Nas últimas três décadas, a modelagem vem ganhando "espaço" em diversos países, nas discussões sobre ensino e aprendizagem, com posicionamentos a favor e contra sua utilização como estratégia de ensino de Matemática. No Brasil, um dos primeiros trabalhos de modelagem no ensino foi do professor Aristides Camargos Barreto, da PUC do Rio de Janeiro, na década de 1970. A consolidação e a difusão se efetuaram por vários professores, em particular, pelo professor Rodney Bassanezi, da Unicamp de Campinas-SP e seus orientandos. Atualmente, esse "espaço" muito tem avançado e seria injusto citar mais nomes, pois corremos o risco de esquecer este ou aquele pesquisador.

Sem dúvida pertencemos ao grupo dos que a defendem, considerando que o grau de escolaridade, o currículo, a disponibilidade de tempo de alunos e professores e a própria formação do professor são variáveis importantes na discussão.

Neste livro, nossa pretensão é modesta. Esperamos esclarecer o que é modelo e modelagem matemática, como utilizar a essência da modelagem no ensino e na aprendizagem – modelação matemática – e como o professor pode aprender modelação para ensinar Matemática, ilustrado com sete "modelos".

Nesse sentido, o livro está dividido em duas partes. Na primeira parte – *Modelagem como estratégia de ensino-aprendizagem de Matemática* – apresentamos o conceito de modelo e modelagem matemática e a modelagem como método de ensino de Matemática, que designamos por *modelação matemática*. Na segunda parte – *Modelos matemáticos para o ensino de Matemática* – apresentamos sete modelos norteadores para o ensino dos temas intitulados: embalagens, construção de casas, a arte de construir e analisar ornamentos, razão áurea, abelhas, cubagem de madeira e criação de perus, utilizando conteúdos de Matemática do ensino fundamental ao superior. Esperamos que esses modelos sirvam para nortear o trabalho do professor que quer implementar modelagem ou modelação como estratégia de ensino. Esses modelos podem ser adaptados para qualquer grau de escolaridade ou outros temas. Cabe ao professor lapidá-los como julgar melhor.

Considerando que a essência da modelagem está na raiz do processo criativo, esperamos que este livro contribua para os colegas que desejam encontrar caminhos que melhorem o ensino-aprendizagem de nossos jovens. Eis aqui nosso principal desafio!

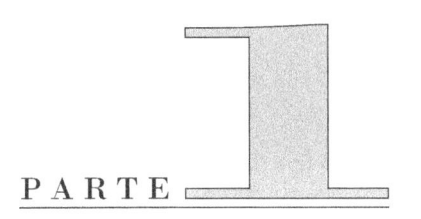

PARTE **1**

Modelagem como estratégia de ensino e aprendizagem da Matemática

Muito se falou e se fala de um futuro que está por chegar. Pois bem, chegamos ao novo milênio, no qual aponta-se para novos desafios e estes, para novas formas de encarar a realidade social. A educação também vem recebendo seus desafios – talvez os mais difíceis –; entre eles o de antever e propor à sociedade um "novo" cidadão, que comandará a economia, a produção, o lazer e outras atividades que ainda surgirão nas próximas décadas.

Desafios como esse têm tornado crescente o movimento em prol da educação matemática, em especial, nas últimas décadas. Têm gerado reestruturações no currículo e nos métodos de ensino que forneçam elementos que desenvolvam potencialidades, propiciando ao aluno a capacidade de pensar crítica e independentemente. Não é difícil perceber que o futuro da civilização e da própria sobrevivência dependem da qualidade de imaginação criadora dos homens e das mulheres do nosso tempo e das futuras gerações.

Mas como fazer emergir essa imaginação criadora em nós mesmos e em nossos alunos? Como proceder daqui em diante em nossa prática de ensino com vistas ao futuro?

A Matemática, alicerce de quase todas as áreas do conhecimento e dotada de uma arquitetura que permite desenvolver os níveis cognitivo e criativo, tem sua utilização defendida, nos mais diversos graus de escolaridade, como meio para fazer emergir essa habilidade em criar, resolver problemas, modelar. Devemos encontrar meios para desenvolver, nos alunos, a capacidade de ler e interpretar o domínio da Matemática.

Porque "o divórcio entre o pensamento e a experiência direta priva o primeiro de qualquer conteúdo real e transforma-o numa concha vazia de símbolos sem significados" (Adler, 1970). Afirmações como as de Adler vêm constituir uma significativa defesa do processo de modelagem matemática no ensino e aprendizagem de Matemática, dado que a escola é um ambiente indicado para criação e evolução de modelos.

Embora haja consenso quanto à importância da Matemática na formação de nossos jovens e a necessidade de encontrar meios eficientes para que o ensino e aprendizagem no âmbito escolar atinja esse objetivo, emergem de nossos educadores muitas questões: *O que é modelagem? Como implementar a modelagem matemática no ensino de Matemática? Como o professor pode aprender modelagem matemática para poder ensinar?*

São essas questões que iremos tratar.

1. MODELAGEM

A ideia de modelagem suscita a imagem de um escultor trabalhando com argila, produzindo um objeto. Esse objeto é um modelo. O escultor munido de material – argila, técnica, intuição e criatividade – faz seu modelo, que na certa representa alguma coisa, seja real ou imaginária. Segundo o *Dicionário da língua portuguesa*, o termo modelo designa "uma representação de alguma coisa (uma maquete, por exemplo), um padrão ou ideal a ser alcançado (uma pessoa), ou um tipo particular dentro de uma série (um modelo de carro)".

A criação de modelos para interpretar os fenômenos naturais e sociais é inerente ao ser humano. No entender de Granger (1969), o modelo é uma imagem que se forma na mente, no momento em que o espírito racional busca compreender e expressar de forma intuitiva uma sensação, procurando relacioná-la com algo já conhecido, efetuando deduções. Tanto que a noção de modelo está presente em quase todas as áreas: Arte, Moda, Arquitetura, História, Economia, Literatura, Matemática. Aliás, a história da ciência é testemunha disso! O objetivo de um modelo pode ser explicativo, pedagógico, heurístico, diretivo, de previsão, dentre outros.

Na verdade o ser humano sempre recorreu aos modelos, tanto para comunicar-se com seus semelhantes como para preparar uma ação. Nesse sentido, a modelagem, arte de modelar, é um processo que emerge da própria razão e participa da nossa vida como forma de constituição e de expressão do conhecimento.

1.1. MODELO MATEMÁTICO

Muitas situações do mundo real podem apresentar problemas que requeiram soluções e decisões. Alguns desses problemas contêm fatos matemáticos relativamente simples, envolvendo uma matemática elementar, como:

- o tempo necessário para percorrer uma distância de quarenta quilômetros, mantendo-se a velocidade do veículo a uma média de oitenta quilômetros por hora;

- o juro cobrado por uma instituição financeira a um determinado empréstimo;

- a área de um terreno de forma retangular.

Outros, "camuflados" em uma determinada área do conhecimento, necessitam de uma análise mais acurada das variáveis envolvidas, como:

- a melhor forma para reduzir o "retrabalho" em uma fábrica;
- a quantidade permitida e o período apropriado para a caça de um animal predador sem que isso interfira no ecossistema.

Seja qual for o caso, a resolução de um problema, em geral quando quantificado, requer uma formulação matemática detalhada. Nessa perspectiva, um conjunto de símbolos e relações matemáticas que procura traduzir, de alguma forma, um fenômeno em questão ou problema de situação real, denomina-se "modelo matemático".

Na ciência, a noção de modelo é fundamental Em especial a Matemática, com sua arquitetura, permite a elaboração de modelos matemáticos, possibilitando uma melhor compreensão, simulação e previsão do fenômeno estudado.

Um modelo pode ser formulado em termos familiares, utilizando-se expressões numéricas ou fórmulas, diagramas, gráficos ou representações geométricas, equações algébricas, tabelas, programas computacionais etc. Por outro lado, quando se propõe um modelo, ele é proveniente de aproximações nem sempre realizadas para se poder entender melhor um fenômeno, e tais aproximações nem sempre condizem com a realidade. Seja como for, um modelo matemático retrata, ainda que em uma visão simplificada, aspectos da situação pesquisada (Biembengut, 1999).

Modelagem matemática é o processo que envolve a obtenção de um modelo. Este, sob certa óptica, pode ser considerado um processo artístico, visto que, para se elaborar um modelo, além de conhecimento de matemática, o modelador precisa ter uma dose significativa de intuição e criatividade para interpretar o contexto, saber discernir que conteúdo matemático melhor se adapta e também ter senso lúdico para jogar com as variáveis envolvidas.

1.2. MODELAGEM MATEMÁTICA

A elaboração de um modelo depende do conhecimento matemático que se tem. Se o conhecimento matemático restringe-se a uma matemática elementar, como aritmética e/ou medidas, o modelo pode ficar delimitado a esses conceitos. Tanto maior o conhecimento matemático, maiores serão as possibilidades de resolver questões que exijam uma matemática mais sofisticada. Porém o valor do modelo não está restrito à sofisticação matemática.

A modelagem matemática é, assim, uma arte, ao formular, resolver e elaborar expressões que valham não apenas para uma solução particular, mas que também sirvam, posteriormente, como suporte para outras aplicações e teorias.

Genericamente, pode-se dizer que matemática e realidade são dois conjuntos disjuntos e a modelagem é um meio de fazê- los interagir.

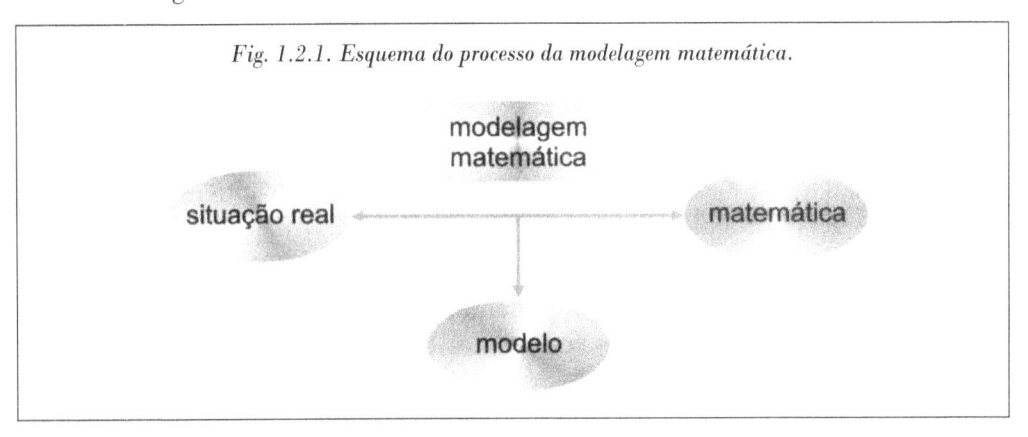

Fig. 1.2.1. Esquema do processo da modelagem matemática.

Essa interação, que permite representar uma situação "real" com "ferramental" matemático (modelo matemático), envolve uma série de procedimentos.

Esses procedimentos podem ser agrupados em três etapas, subdivididas em seis subetapas, a saber:

a) Interação

- reconhecimento da situação-problema;
- familiarização com o assunto a ser modelado→referencial teórico.

b) Matematização

- formulação do problema→hipótese;
- resolução do problema em termos do modelo.

c) Modelo matemático

- interpretação da solução;
- validação do modelo →avaliação.

Detalhando as etapas:

a) Interação

Uma vez delineada a situação que se pretende estudar, deve ser feito um estudo sobre o assunto de modo indireto (por meio de livros e revistas especializadas, entre outros) ou direto, *in loco* (por meio da experiência em campo, de dados experimentais obtidos com especialistas da área).

Embora esta etapa esteja subdividida em duas – *reconhecimento* da situação-problema e *familiarização* – não obedece a uma ordem rígida tampouco se finda ao passar para a etapa seguinte. A situação-problema torna-se cada vez mais clara, à medida que se vai interagindo com os dados.

b) Matematização

Esta etapa, a mais complexa e "desafiante", em geral subdivide-se em *formulação* do problema e *resolução*. É aqui que se dá a "tradução" da situação-problema para a linguagem matemática. Intuição, criatividade e experiência acumulada são elementos indispensáveis neste processo.

1. Formulação do problema→hipóteses

Nesta etapa é especialmente importante:

- classificar as informações (relevantes e não relevantes), identificando fatos envolvidos;
- decidir quais os fatores a serem perseguidos, levantando hipóteses;
- selecionar variáveis relevantes e constantes envolvidas;
- selecionar símbolos apropriados para essas variáveis; e
- descrever essas relações em termos matemáticos.

O objetivo principal deste momento do processo de modelar é chegar a um conjunto de expressões aritméticas ou fórmulas, ou equações algébricas, ou gráfico, ou representações, ou programa computacional, que levem à solução ou permitam a dedução de uma solução.

2. Resolução do problema em termos do modelo

Uma vez formulada a situação-problema, passa-se à resolução ou análise com o "ferramental" matemático de que se dispõe. Isto requer aguçado conhecimento sobre as entidades matemáticas usadas na formulação. O computador pode ser um instrumento imprescindível: especialmente em situação-problema em que não foi possível resolvê-la por processos contínuos, obtêm-se resultados aproximados por processos discretos.

Cabe aqui salientar que muitos modelos matemáticos não resolvidos no século passado levaram ao desenvolvimento de outros ramos da Matemática.

c) Modelo matemático

Para concluir o modelo, torna-se necessária uma avaliação para verificar em que nível ele se aproxima da situação-problema representada e, a partir daí, verificar também o grau de confiabilidade na sua utilização. Dessa forma, faz-se:

1. a interpretação do modelo, analisando as implicações da solução derivada daquele que está sendo investigado; e

2. a verificação de sua adequabilidade, retornando à situação-problema investigada e avaliando quão significativa e relevante é a solução – validação.

Se o modelo não atender às necessidades que o geraram, o processo deve ser retomado na segunda etapa – matematização – mudando-se ou ajustando hipóteses, variáveis etc.

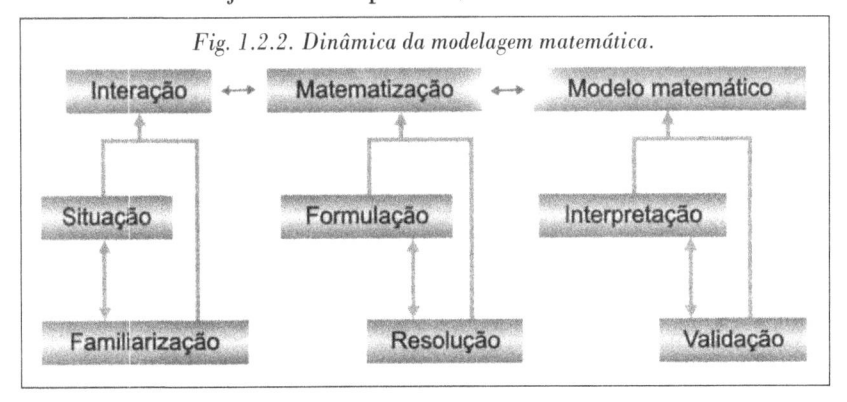

Fig. 1.2.2. Dinâmica da modelagem matemática.

É importante, ao concluir o modelo, a elaboração de um relatório que registre todas as facetas do desenvolvimento, a fim de propiciar seu uso de forma adequada (Biembengut, 1999).

1.3. RAÍZES DO PROCESSO

A modelagem matemática não é uma ideia nova. Sua essência sempre esteve presente na criação das teorias científicas e, em especial, na criação das teorias matemáticas. A história da ciência testemunha importantes momentos em que a modelagem matemática se fez presente. Na impossibilidade de nomear todos grandes feitos, gostaríamos de destacar duas grandes contribuições para a humanidade: uma em relação à música, harmonia para nossa alma, e outra sobre o coração, motor de nosso corpo.

• Dentre as grandes obras deixadas por Pitágoras (530 a.C.) destacamos a que se refere à música. Pitágoras, considerado o pai da música, descobriu que os sons musicais têm durações diferentes. Para isso, esticou um fio, verificando o som produzido pela vibração, em seguida, fixou-o ao meio e vibrou-o novamente, repetindo o processo, fixando ao meio as demais partes do fio e obtendo o som. Percebeu que a cada vez que fixava obtinha uma nota uma oitava mais alta. Após verificar que a oitava tinha a proporção de dois para um usou frações simples para medir as distâncias das cordas adicionais. Essas frações criaram a nossa escala musical, base de toda a música ocidental. Cada tempo de duração é representado por figuras gráficas de uma notação musical. Einstein (1879-1955) fez a seguinte observação: "A música parece uma equação: bem formulada e cheia de harmonia e sonoridade."

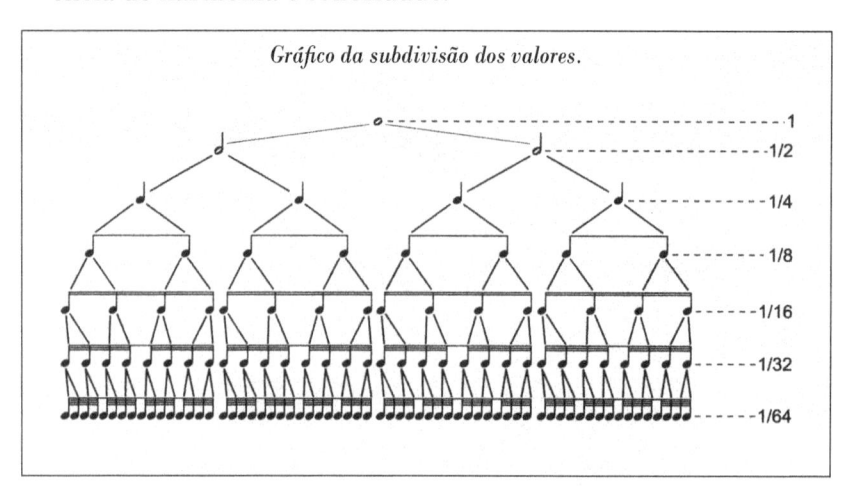

Gráfico da subdivisão dos valores.

A matemática está presente na música em casos como este, em que são usadas frações para representar a duração.

- Willian Harvey (1578-1657), um dos grandes cientistas e pensadores da renascença, observou que as válvulas do coração impedem que o sangue caminhe em outro sentido que não seja para o coração. Utilizou-se da Matemática para demonstrar a circulação sanguínea. Experimentalmente revelou relações interessantes entre a quantidade de fluxo de sangue e o peso do corpo. Por exemplo, que o coração bate 72 vezes por minuto, de modo que por hora faz arrojar dentro do sistema o tríplice peso do corpo humano. Como o alimento é incapaz de ministrar tamanha quantidade de líquido sanguíneo, concluiu que o sangue percorre a mesma rota a vida inteira do indivíduo. Sua contribuição sem dúvida foi de grande valia para a medicina. Avanços significativos vêm se manifestando nessa área.

A modelagem matemática, atualmente usada em toda ciência, tem contribuído sobremaneira para a evolução do conhecimento humano seja nos fenômenos microscópicos, em tecnobiologia, seja nos macroscópios, com a pretensão de conquistar o universo. Mas não é um processo próprio dos cientistas. Por exemplo:

- Uma modista é solicitada para fazer uma roupa a uma cliente com estatura mediana, idade superior aos quarenta anos e peso um pouco acima dos padrões. A cliente espera que a roupa a deixe mais magra, mais alta, mais jovem, elegante e bonita. Nesse caso, a modista precisará pensar no tipo e na cor do tecido e no modelo de tal forma "criando a ilusão" em sua cliente e nos outros dessa imagem desejada. A modista, além de conhecimento geométrico e medidas, tecidos e adereços, precisará ter uma boa dose de criatividade, intuição para fazer ressaltar os atrativos de sua cliente.

No dia a dia, em muitas das atividades é "evocado" o processo de modelagem. Basta para isso ter um problema que exija criatividade, intuição e instrumental matemático. Nesse sentido, a modelagem matemática não pode deixar de ser considerada no contexto escolar.

2. Modelagem matemática como método de ensino de Matemática

Há um consenso no que diz respeito ao ensino de matemática precisar voltar-se para a promoção do conhecimento matemático e da habilidade em utilizá-lo. O que significa ir além das simples resoluções de questões matemáticas, muitas vezes sem significado para o aluno, e levá-lo a adquirir uma melhor compreensão tanto da teoria matemática quanto da natureza do problema a ser modelado.

Dessa forma, a modelagem matemática no ensino pode ser um caminho para despertar no aluno o interesse por tópicos matemáticos que ele ainda desconhece, ao mesmo tempo que aprende a arte de modelar, matematicamente. Isso porque é dada ao aluno a oportunidade de estudar situações-problema por meio de pesquisa, desenvolvendo seu interesse e aguçando seu senso crítico.

Em cursos regulares, nos quais há um programa a ser cumprido – currículo – e uma estrutura espacial e organizacional nos moldes "tradicionais" (como é a maioria das instituições de ensino), o processo da modelagem precisa sofrer algumas alterações, levando em consideração principalmente o grau de escolaridade dos alunos, o tempo disponível que terão para trabalho extraclasse, o programa a ser cumprido e o estágio em que o professor se encontra, seja em relação ao conhecimento da modelagem, seja no apoio por parte da comunidade escolar para implantar mudanças. O método que utiliza a essência da modelagem em cursos regulares, com programa, denominamos *modelação matemática*.

2.1. Modelação matemática

A rnodelação matemática norteia-se por desenvolver o conteúdo programático a partir de um *tema* ou modelo matemático e orientar o aluno na realização de seu próprio modelo-modelagem. Pode valer como método de ensino-aprendizagem de Matemática em qualquer nível escolar, das séries iniciais a um curso de pós-graduação. Não há restrição!

Os objetivos são:

- aproximar uma outra área do conhecimento da Matemática;
- enfatizar a importância da Matemática para a formação do aluno;
- despertar o interesse pela Matemática ante a aplicabilidade;

- melhorar a apreensão dos conceitos matemáticos;
- desenvolver a habilidade para resolver problemas; e
- estimular a criatividade.

Para implementar a modelação matemática sugerimos que o professor faça, inicialmente, um levantamento sobre os alunos: a realidade socioeconômica, o tempo disponível para realização de trabalho extraclasse e o conhecimento matemático que possuem – diagnóstico. Com base nesse diagnóstico, planeja-se como implementar a modelação, isto é, como desenvolver o conteúdo programático, como orientar os alunos na realização de seus modelos matemáticos-modelagem e como avaliar o processo.

Para pôr em prática o método, sugerimos cinco passos:

Diagnóstico

O diagnóstico mais o número de alunos e o horário da disciplina são determinantes para o planejamento das aulas. Por exemplo:

- A realidade socioeconômica dos alunos bem como seus interesses e metas são essenciais na decisão sobre como efetuar a escolha do *tema* que norteará o desenvolvimento do programa.
- O grau de conhecimento matemático permite estabelecer os conteúdos matemáticos, bem como a ênfase, necessários e o número de exercícios a serem propostos em cada etapa.
- O horário da disciplina (período diurno, vespertino, noturno ou final do período) determina a dinâmica da aula.
- O número de alunos conduz a formação de grupos de trabalho, com mais ou menos elementos, facilitando a orientação dos trabalhos de modelagem.
- A disponibilidade dos alunos para trabalho extraclasse implica a delimitação dos objetivos quanto ao trabalho de modelagem. Alunos que trabalham, em geral, têm mais facilidade em lidar com temas aplicados na área de atuação, em contrapartida, não dispõem de tempo suficiente para o estudo. Nesse caso, uma sugestão é que o trabalho seja feito somente em sala de aula.

Escolha do tema ou modelo matemático

Para desenvolver o conteúdo programático utiliza-se de um *tema* (a ser transformado em modelo matemático) único, a cada tópico matemático do programa ou conteúdo de um período letivo (bimestre, semestre). Se optar por um *tema* único para um período letivo, este deve ser abrangente o suficiente para desenvolver o conteúdo programático e ao mesmo tempo ser interessante para não "abalar" o estado motivacional dos alunos.

O professor pode escolher o *tema* ou propor que os alunos o escolham. A escolha pelos alunos tem vantagens e desvantagens. Uma vantagem é que se sentem participantes no processo. Em contrapartida, as desvantagens podem surgir se o *tema* não for adequado para desenvolver o programa ou, ainda, muito complexo, exigindo do professor um tempo de que não dispõe para aprender e para ensinar. Seja qual for a forma adotada cabe ao professor inteirar-se do *tema* escolhido, que deve estar em sintonia com o conhecimento e a expectativa dos alunos, e preparar, previamente, a condução do processo de tal forma que desenvolva, no mínimo, o conteúdo programático.

Desenvolvimento do conteúdo programático

No desenvolvimento do conteúdo programático o professor segue as mesmas etapas e subetapas do processo de modelagem, isto é: *Interação* – reconhecimento da situação-problema e familiarização; *Matematização* – formulação e resolução do problema; e *Modelo matemático* – interpretação e validação. Acrescendo ao processo, na etapa de matematização, o desenvolvimento do conteúdo matemático necessário para a formulação e resolução e a apresentação de exemplos e exercícios análogos para aprimorar a apreensão dos conceitos pelo aluno. Descrevendo o procedimento.

a) Interação
- É feita, inicialmente, uma breve *exposição sobre o tema*, permitindo certa delimitação do aluno com uma área em questão. Este momento é muito importante. A forma como o professor demonstra seu conhecimento e interesse sobre o *tema* em questão pode contribuir, significativamente, para a motivação dos alunos. Afinal, só aprende quem quer. E a arte de ensinar depende da conquista para o querer aprender.
- Em seguida, faz-se um *levantamento de questões*, procurando instigar os alunos a participarem com sugestões.

b) Matematização

- Seleciona-se e *formula-se uma das questões* levantadas a fim de levar os alunos a proporem respostas. As respostas, certamente, abrirão caminhos para se atingirem as metas propostas. Manter um clima de liberdade, estimulando a participação, a descontração e a criatividade individual, permitirá obter resultados satisfatórios em relação ao aprendizado de Matemática.

  Quando necessário, propõe-se aos alunos que façam uma pesquisa sobre o assunto. Essas informações também poderão ser obtidas por meio de uma palestra na escola. Nesse caso, o estudo, parte da tarefa, não só propiciará melhor visualização da importância da matemática estudada, como também o conhecimento e valorização do trabalho de outro profissional.

- Na medida em que se está formulando a questão, ao suscitar um *conteúdo matemático* para a continuidade do processo ou obtenção de um resultado, interrompe-se a exposição e desenvolve-se a matemática necessária, retornando no momento adequado. O tempo de interrupção depende da abrangência do conteúdo. O importante é não perder de vista a motivação.

  Outra coisa a considerar é que nesse processo, muitas vezes, o conteúdo programático mostra-se insuficiente, apontando assim para uma reestruturação do programa, na ênfase e na sequência, em particular.

- Depois de desenvolver o conteúdo necessário e suficiente para responder ou resolver essa etapa do trabalho, propõem-se *exemplos análogos*, para que o conteúdo não se restrinja ao modelo. Os exemplos análogos darão uma visão mais clara sobre o assunto, suprindo deficiências, preenchendo possíveis lacunas quanto ao entendimento do conteúdo. Além disso, os exemplos análogos permitirão ampliar o leque de aplicações matemáticas, validando, sob certa óptica, a importância da referida teoria matemática.

- Pode-se propor, também, a resolução de exercícios (convencionais, aplicados, demonstrações). Esses exercícios servem como meio de avaliar se os conceitos apresentados foram apreendidos.

- Nesse momento, retorna-se à questão que gerou o processo, apresentando uma solução. A *resolução da questão* "norteadora" faz com que o aluno retorne ao problema e verifique novamente a matemática como uma "ferramenta" importante.

c) Modelo

- A questão formulada, que permite a resolução da questão e de outras similares, pode ser considerada um *modelo matemático*.
- É momento de se avaliar o modelo matemático quanto à validade e à importância. Dessa forma, os alunos analisam o resultado obtido, que se denomina *validação*.

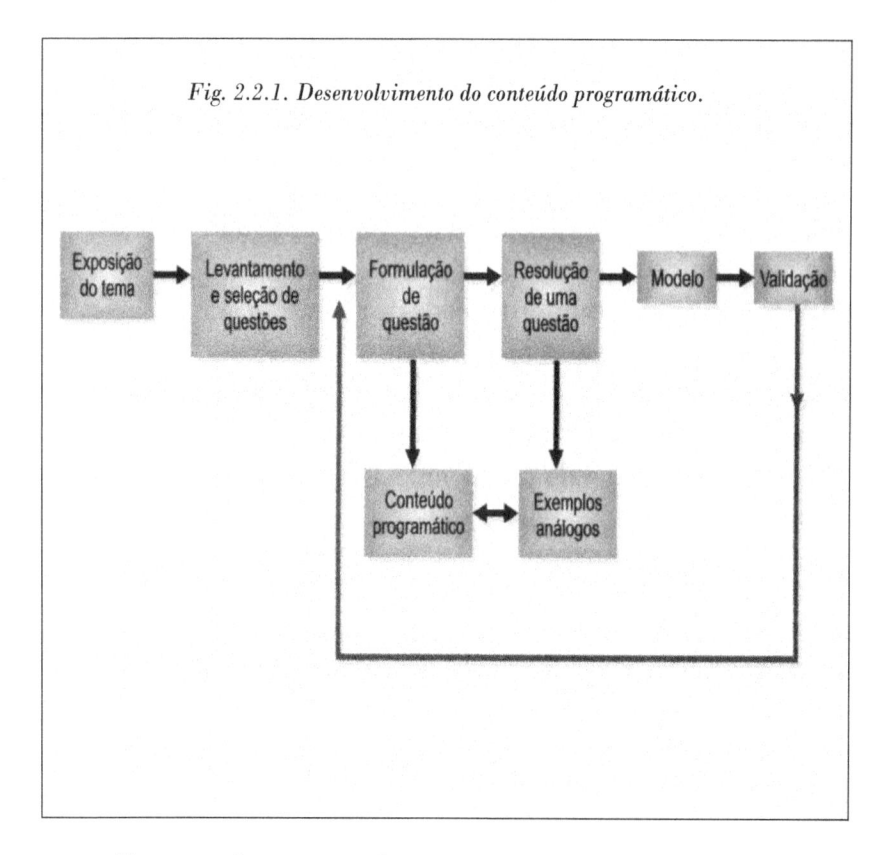

Fig. 2.2.1. Desenvolvimento do conteúdo programático.

Encerrando a etapa do processo pode-se deixar um precedente para uma retomada e possível melhoria do modelo. Se ainda houver interesse por parte dos alunos em continuar com o tema proposto, passa-se para uma segunda questão, seguindo os passos já definidos. Na segunda parte deste livro, apresentamos alguns temas para ilustrar as etapas.

Orientação de modelagem

O trabalho de modelagem tem como objetivo principal criar condições para que os alunos aprendam a fazer modelos matemáticos, aprimorando seus conhecimentos. Os alunos escolhem o tema e a direção do próprio trabalho, cabendo ao professor promover essa autonomia.

Espera-se por meio da modelagem:

- incentivar a pesquisa;
- promover a habilidade em formular e resolver problemas;
- lidar com tema de interesse;
- aplicar o conteúdo matemático; e
- desenvolver a criatividade.

É fundamental, para que se possa orientar e acompanhar os alunos no desenvolvimento do trabalho de modelagem, um planejamento sobre a inteiração com o assunto, bem como a forma de encaminhamento e quando ou em que momento norteará seus alunos. Para isso, de acordo com o número de horas-aula da disciplina, faz-se um planejamento do número de horas-aula destinado somente para a orientação do trabalho e em quais dias do período letivo. Essas aulas devem ser, estrategicamente, inseridas no período letivo, permitindo ao aluno adquirir conhecimento matemático, saber aplicar esse conhecimento no trabalho e certa habilidade para fazer modelos (a partir do que vem sendo desenvolvido em sala).

Supondo-se que a disciplina disponha de sessenta horas-aula, nesse caso, podem-se estabelecer pelo menos 12 horas-aula, em cinco etapas, para orientar a feitura do trabalho. Sendo a primeira etapa realizada após ministrar algumas aulas da disciplina; momento em que o aluno já tenha certa ideia de modelagem. Assim, as etapas seguem sob as seguintes orientações:

- escolha do tema, estudo e levantamento de questões;
- formulação;
- elaboração de um modelo matemático;
- resolução parcial das questões;
- exposição oral e escrita do trabalho.

O número de horas-aula destinado para cada etapa bem como o tempo entre uma reunião e outra fica a critério do professor de acordo com o desenvolvimento das atividades programáticas. Cabe ressaltar que essas reuniões para acompanhamento e orientação valem como meio de avaliar o processo.

Etapas que podem ser seguidas para a realização do trabalho de modelagem matemática:

a) Escolha do tema

O professor sugere aos alunos que se agrupem (de três a cinco alunos por grupo), incentivando-os na escolha do tema, de acordo com seus interesses e/ou afinidades.

Nem sempre essa escolha atende às expectativas de todos os membros do grupo. Para evitar desmotivação no decorrer do trabalho, o ideal é que, após a escolha, cada membro do grupo faça uma breve leitura sobre o assunto escolhido, reunindo-se posteriormente, para uma reflexão sobre o *tema* que gerará o trabalho. Cada aluno deve ter pelo menos uma semana para refletir sobre sua escolha. A atuação do professor, nesse momento, volta-se primordialmente para a utilização de estratégias que facilitem aos alunos a escolha de um assunto abrangente, motivador e sobre o qual seja fácil obter dados ou informações.

b) Interação com o tema

Muitas vezes o *tema* escolhido é muito abrangente em relação ao tempo disponível. Nesse caso, para que o professor tome ciência do *tema* escolhido e oriente a elaboração do trabalho pode propor, inicialmente, que cada grupo:

- faça um estudo (levantamento de dados) a fim de se familiarizar com o tema escolhido;
- levante pelo menos cinco questões sobre o tema;
- elabore uma síntese do tema e entregue, por escrito, juntamente com as questões ao professor;
- entreviste um especialista no assunto, em momento adequado e se for conveniente. Os dados levantados propiciarão outras questões!

c) Planejamento do trabalho a ser desenvolvido pelos grupos

A síntese e questões devidas não só permitirão ao professor inteirar-se do *tema* escolhido, mas também orientar cada grupo, em particular, quanto à ordem das questões a serem resolvidas (das mais simples às mais abrangentes).

Em seguida, sugere a cada grupo que:

- Escolha uma questão para iniciar o trabalho. De preferência aquela cujo instrumental matemático necessário já seja conhecido, o que de certa maneira leva-os a aprender como se faz um modelo, ainda que em casos muito simples. Os procedimentos para se chegar à elaboração do modelo-modelagem seguem a ordem especificada no primeiro capítulo.

- Levante os dados reais da questão.
- Descubra a configuração das questões ou o princípio envolvido no problema, ou seja, examine os fatos e amostragens alicerçando bases para generalização.
- Analise a natureza e a extensão do problema, formulando hipóteses. Isso constitui o empenho de encontrar formas para a resolução de como atacar o problema.
- Arrole as soluções viáveis ou as maneiras possíveis de chegar a elas. O ideal é estimular o grupo a apresentar um maior número possível de abordagens sobre o problema.
- Determine e escolha a solução que pareça mais conveniente.

Quanto maior o tempo disponível para a familiarização com o tema escolhido, melhor será o resultado do trabalho.

Não é impossível, por exemplo, que dois ou mais grupos proponham problemas similares ou problemas que passem a tratar de aspectos completamente independentes dentro do tema. Cabe ao professor, de acordo com a sua demanda de tempo ou de recursos, avaliar esses casos e sugerir o que for conveniente.

Quando o grupo tiver um bom embasamento sobre o assunto que estão trabalhando podem procurar entrevistar um especialista no assunto, em momento adequado e se for conveniente. Assim, a entrevista será mais objetiva e com certeza, auxiliará muito no trabalho. Se o *tema* que estão trabalhando refere-se a algum setor de fácil acesso, pode-se também realizar uma visita *in loco*. Será uma oportunidade para o aluno contatar o setor produtivo e viabilizar a iniciação científica-tecnológica.

d) Conteúdo matemático

Os modelos elaborados pelos grupos utilizam-se, no mínimo, de uma parte do conteúdo programático da disciplina. Caso algum grupo, para resolver uma questão, necessite de um tópico matemático que não faça parte do programa e que não seja de conhecimento do grupo, o professor pode atendê-lo exclusivamente, ensinando-lhe ou induzindo-o à pesquisa e mantendo-se como orientador. Se a matemática requerida, porém, for de interesse da maioria, faz-se uma explanação para toda a classe.

e) Validação e extensão dos trabalhos desenvolvidos

Ao iniciarem o trabalho, questões são levantadas. Na certa, algumas serão mais simples; outras, mais complexas no que diz respeito à elaboração de modelos. Assim, no final do trabalho é fundamental que cada grupo:

☞ Avalie a solução, ou, se for o caso, submeta o resultado à experimentação controlada, verificando, assim, a adequação do modelo.

Uma vez elaborado um modelo, por mais simples que seja, retorna-se à fonte de pesquisa (seja bibliográfica ou direta – *in loco*, com especialistas) para verificar o grau de validade.

☞ Divulgue seu trabalho.

Pode-se planejar um ou mais dias para a divulgação dos trabalhos aos demais colegas de classe ou à comunidade escolar, ou ainda, se for o caso, a quem possa interessar.

☞ Faça um relatório.

A melhor forma de registrar ideias e, posteriormente, transferi-las ainda é por meio de um trabalho escrito. Nesse caso, a sugestão para um relatório é a seguinte:

- apresentação do motivo pelo qual escolheu o tema;
- um breve histórico sobre o tema (podem constar dados não apenas da pesquisa indireta – livros, revistas – como também da pesquisa direta – entrevistas, fotos, visita *in loco*);
- apresentação dos modelos, partindo do mais simples ao mais complexo.

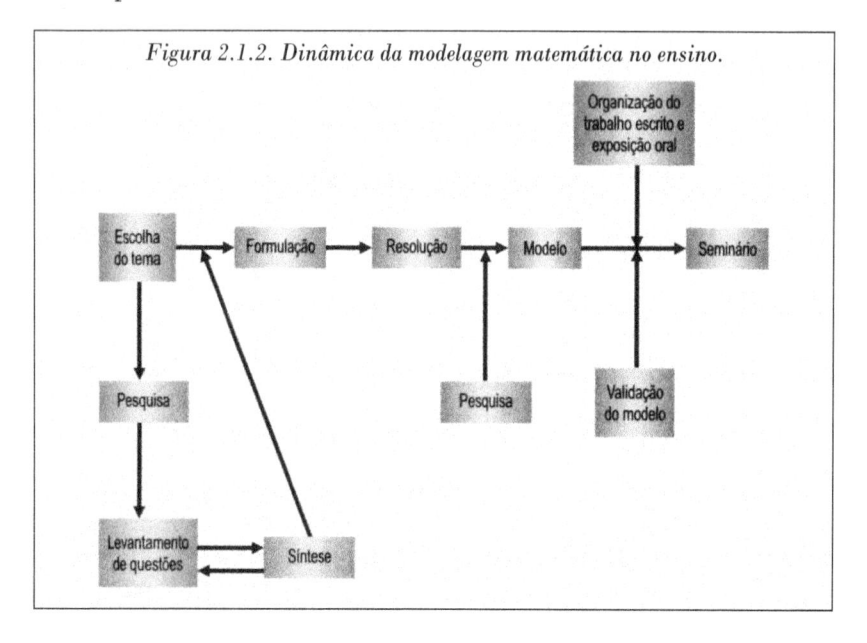

Figura 2.1.2. Dinâmica da modelagem matemática no ensino.

Observamos uma tendência dos participantes em elaborar modelos que se restringem a conteúdo matemático conhecido e que flui dos modelos apresentados durante o curso. Ou seja, se o professor apresenta modelos que envolvam geometria, a maior parte dos trabalhos é feita com geometria; se os modelos utilizam-se de função, programação linear ou equações diferenciais, os alunos se restringem ao conteúdo exposto, isso se, e somente se, souberem o conteúdo em questão.

Dessa forma, se o professor quiser melhorar as condições propostas, deve guiar os alunos para a resolução de questões cujo conteúdo matemático eles desconhecem, proporcionando maior conhecimento ou aprofundamento, para posteriormente retornarem ao problema, levando em conta a disponibilidade e a duração do curso.

Avaliação do processo

O ensino de Matemática deve propiciar ao aluno:

- sólida formação matemática, em primeiro lugar;
- capacidade para enfrentar e solucionar problemas;
- saber realizar uma pesquisa;
- capacidade em utilizar máquinas (calculadora gráfica e computadores);
- capacidade de trabalhar em grupo.

Para isso, o professor pode adotar uma teoria de avaliação que leve em conta dois aspectos principais:

- ✓ avaliação como fator de redirecionamento do trabalho do professor;
- ✓ avaliação para verificar o grau de aprendizado do aluno.

Nesse último caso, pode-se analisar sob os seguintes aspectos: subjetivo (a observação do professor) e objetivos (provas, exercícios, trabalhos realizados).

Quanto ao aspecto subjetivo, o da observação, o professor pode avaliar o empenho do aluno:

- participação;
- assiduidade;
- cumprimento das tarefas;
- espírito comunitário.

Quanto aos aspectos objetivos sugerimos que os seguintes critérios sejam avaliados:

a) produção e conhecimento matemático
- consolidação de conhecimentos matemáticos teóricos;
- raciocínio lógico;
- operacionalização de problemas numéricos;
- crítica em relação a conceitos de ordem de grandeza;
- expressão e interpretação gráfica.

b) produção de um trabalho de modelagem em grupo
- qualidade dos questionamentos;
- pesquisa elaborada pelo aluno;
- obtenção de dados sobre o problema a ser modelado;
- interpretação e elaboração de modelos matemáticos;
- discussão e decisão sobre a natureza do problema levantado;
- adequação da solução apresentada;
- validade das soluções fornecidas pelo modelo;
- exposição oral e escrita do trabalho.

c) extensão e aplicação do conhecimento
- síntese, aliada à capacidade de compreensão e expressão dos resultados matemáticos;
- análise e interpretação crítica de outros modelos utilizados.

É importante, também, que os alunos conheçam, *a priori*, os critérios e os indicadores de avaliação adotados.

2.2. MODELAGEM E MODELAÇÃO MATEMÁTICAS NO ENSINO

A modelagem e a modelação matemáticas no ensino vêm constituindo uma importante área de pesquisa em diversos países.

A modelagem matemática, originalmente, como metodologia de ensino-aprendizagem parte de uma situação/tema e sobre ela desenvolve questões, que tentarão ser respondidas mediante o uso de ferramental matemático e da pesquisa sobre o tema. Trata-se, é claro, de uma forma extremamente prazerosa e que confere significativo conhecimento seja na forma de conceitos matemáticos, seja sobre o tema que se estuda. Há o inconveniente de não sabermos, inicialmente, por onde o modelo passará, ou seja, nem sempre o ferramental matemático requerido está ao alcance do educando e mesmo do professor. Existem também as dificuldades de adequação ao currículo estabelecido legalmente e a possibilidade do acompanhamento simultâneo, por parte do professor, dos temas escolhidos *a priori* pelos alunos.

Diante disso, devem ser feitas algumas adaptações que tornem possível a utilização da modelagem matemática com metodologia de ensino-aprendizagem sem, contudo, perder a linha mestra que é o favorecimento à pesquisa e posterior criação de modelos pelos alunos, e sem desrespeitar as regras educacionais vigentes. É o que denominamos modelação matemática.

Na modelação, o professor pode optar por escolher determinados modelos, fazendo sua recriação em sala, juntamente com os alunos, de acordo com o nível em questão, além de obedecer ao currículo inicialmente proposto. É imperativo que se tenham vários modelos à disposição para que se possa optar "entre os modelos" e não "pelo modelo". O período do uso deste ou daquele modelo, em classe, o seu aprimoramento ou adaptação cabem ao professor e ao seu bom senso.

Pela literatura, por exemplo, podemos conhecer as opiniões de pesquisadores que consideram que por meio da modelagem e da modelação, não se podem ensinar novos conceitos matemáticos, mas apenas melhorar a habilidade dos alunos em aplicar matemática; e posições de outros que defendem a modelagem como processo ideal para ensinar matemática. Em muitos países, inclusive no Brasil, muitos trabalhos experimentais, utilizando a essência da modelagem, vêm sendo realizados no ensino-aprendizagem, do ensino fundamental ao superior. No Brasil por exemplo, há trabalhos experimentais realizados em cursos de formação de professores, de suplência, de cálculo diferencial integral na engenharia, de ensino fundamental e médio.

A condição necessária para o professor implementar modelagem no ensino – modelação – é ter audácia, grande desejo de modificar sua prática e disposição de conhecer e aprender, uma vez que essa

2.3. APRENDER PARA ENSINAR MODELAGEM

proposta abre caminho para descobertas significativas. Um embasamento na literatura disponível sobre modelagem matemática, alguns modelos clássicos e sobre pesquisas e/ou experiências no ensino são essenciais.

Vale ressaltar que um curso, uma palestra ou um artigo contendo definições e/ou resultados positivos de trabalhos realizados não são suficientes para se pôr em prática, num primeiro momento, a modelação, com todas as turmas e alunos de que o professor dispõe. Habilidade e segurança só se ganham com a experiência. Uma experiência que deve ser feita de forma gradual, em consonância com o tempo disponível que se tem para planejar.

Aqueles que querem fazer um trabalho utilizando modelação, mas não se sentem devidamente seguros, orientamos:

- conhecer alguns modelos clássicos por meio da literatura a respeito da história da ciência ou da ciência contemporânea, adaptando-os para a sala de aula; ou

- apresentar cada um dos conteúdos do programa a partir de modelos matemáticos de outras áreas do conhecimento (Física, Química, Economia, dentre outras); ou

- aplicar trabalhos ou projetos realizados por outros colegas, por tempo curto, com uma única turma e de preferência aquela cujo conteúdo se tem melhor domínio; e

- para os alunos, propor que busquem exemplos ou tentem criar seus próprios modelos, sempre a partir da realidade.

Pode-se utilizar essa estratégia o tempo que julgar necessário. Acreditamos que o resultado será satisfatório e valerá como incentivo na aplicação com outras turmas.

PARTE

Modelos matemáticos para o ensino de Matemática

Apresentamos, nesta segunda parte do livro, sete propostas – modelos para ensinar Matemática – cuja intenção é que sirvam como norteador aos trabalhos em sala de aula. O professor pode utilizá-lo na íntegra, adaptá-lo para algum curso ou turma em especial ou/e ainda elaborar textos com outros temas. Estes modelos, intitulados: *embalagens, construção de casas, a arte de construir* e *analisar ornamentos, razão áurea, abelhas, cubagem de madeira* e *criação de perus*, foram utilizados no ensino de Matemática por nós, ou indiretamente, por meio de professores simpatizantes de nossa proposta, em diversos cursos da educação básica à superior.

Desenvolvemos cada modelo seguindo as três etapas fundamentais da modelagem no ensino – modelação: *interação, matematização* e *modelo*. Na etapa de interação apresentamos uma síntese do tema ou das informações essenciais que permitirão gerar a questão norteadora. A síntese permite certa familiarização com o tema ou assunto a ser modelado. A partir da questão norteadora, passamos para a matematização. Nessa etapa, procuramos formular e resolver o problema, chegando a um modelo que permite interpretar a solução e, possivelmente, valer para outras aplicações. Em meio às etapas, procuramos salientar quais conteúdos matemáticos "instrumentalizam" a questão norteadora, dando algumas sugestões de atividade ou pesquisa. Essas etapas estão implícitas.

Cabe ao professor acrescentar ou excluir tópicos matemáticos de acordo com a série na qual deseja implantar e, é claro, com os objetivos que espera alcançar. Cada seção tem início com uma questão que permite desenvolver o conteúdo, o qual, por sua vez, permite respondê-la. A questão apresentada não é única. É apenas uma sugestão. O professor ou mesmo os alunos podem propor outras. O importante é que sejam propostas que se identifiquem com o conteúdo matemático necessário para a obtenção de uma resposta.

Sugerimos que cada atividade seja iniciada com um "bate-papo" sobre o tema da questão. Durante essa conversa informal, as questões propostas e suas respectivas respostas servem como "termômetro" para o professor avaliar o que e quanto os alunos conhecem a respeito do conteúdo e do grau de interesse pelo trabalho que vêm fazendo. Estimular a participação de todos os alunos é um meio de torná-los corresponsáveis pelo aprendizado!

1. Embalagens

A embalagem tem uma significativa importância para o produto. Além de protegê-lo valoriza sua apresentação. Há um dito popular que diz: "A primeira impressão é a que fica"! Partindo dessa premissa, a embalagem precisa "impressionar os olhos" do consumidor, ou seja, atender ao senso estético. Mas isso não é suficiente! É necessário que seja fácil manuseá-la e que o produto fique devidamente protegido da ação do transporte e do tempo. Para isso, alguns cuidados devem ser tomados, em particular, com a forma e a resistência.

A presente proposta, subdividida em quatro questões, permite desenvolver conceitos de geometria plana e espacial; sistemas de medidas: linear, superfície, volume, capacidade e massa e função do 2° grau. Pode ser adaptada para qualquer período escolar. É possível utilizá-la, também, como forma de conscientizar os alunos sobre a conservação do meio ambiente.

1.1. ANALISANDO FORMAS E TIPOS

Existem diversos tipos de embalagem seja na forma, no tamanho e no material, tais como: folhas de papel ou celofane, saco ou sacola de pano, plástico ou papel, caixa de papelão ou de metal, lata de flandes ou alumínio, dentre outros.

Que formas geométricas estão presentes nas caixas e nas latas?

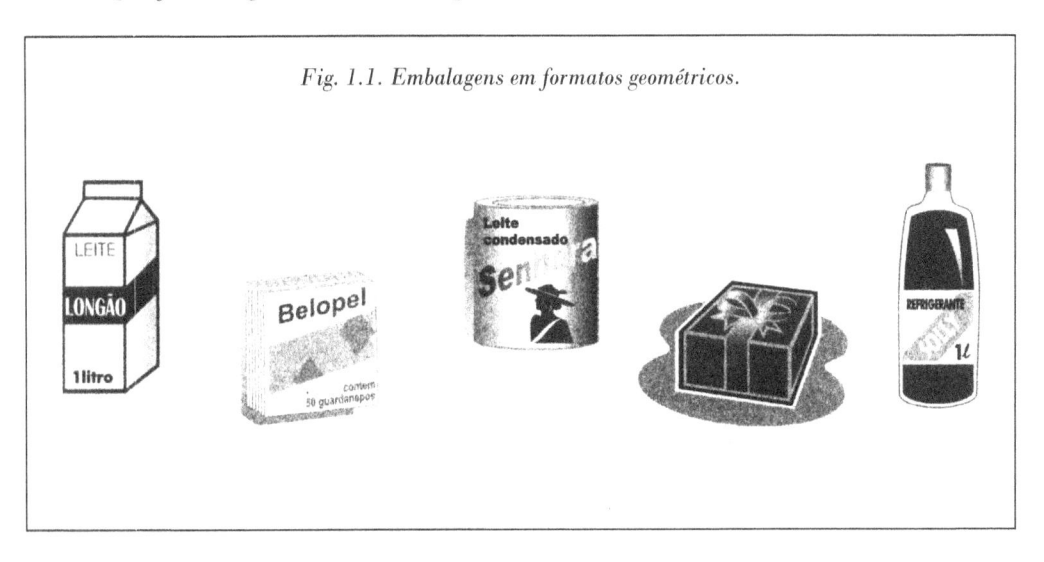

Fig. 1.1. Embalagens em formatos geométricos.

As formas geométricas estão presentes nas embalagens!

Para realizar esse trabalho, solicite aos alunos, embalagens ou objetos de diversos tamanhos e formas e material de desenho geométrico. Traga você, também, outras que possivelmente, os alunos não se lembrem de trazer: copinho de sorvete (forma de cone), copos plásticos de café, água (forma de tronco de cone) e ainda embalagens que possuam formas de prisma e pirâmides, porém com bases: triangular, hexagonal, pentagonal, circular, dentre outras.

As caixas têm a forma de um *prisma* e as latas, de um *cilindro*.

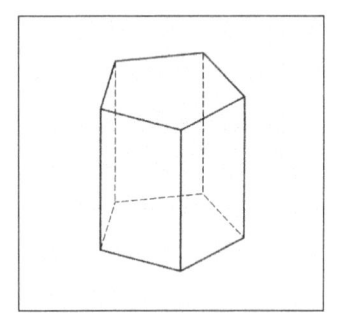

Analisando um prisma, representado aqui pela caixa.

Cada "canto" é denominado *vértice*.
Cada "dobra" da caixa, *aresta*.
Cada "lado", *face*.

Em um prisma as bases, na forma de um polígono, são paralelas e as faces têm a forma de um paralelogramo.

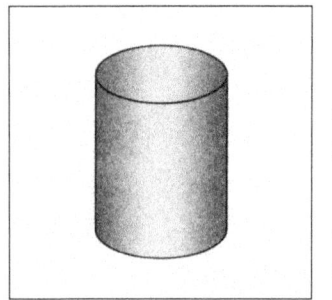

Analisando um cilindro, representado pelas latas de conserva, óleo ou refrigerante.

Assim como no prisma, as bases do cilindro, na forma circular, também são paralelas.

O prisma, o cilindro, a pirâmide, o cone e a esfera são denominados *sólidos geométricos*.

Os sólidos geométricos servem como modelos para as embalagens.

> Nesta primeira etapa, você pode resgatar os conceitos geométricos que os alunos já possuem e introduzir outros considerados elementares. Nomes como prisma, cilindro, cone etc. e alguns conceitos de geometria plana e espacial podem ser apresentados aos alunos mesmo que pertençam às séries iniciais. Nesse caso, não é preciso definir.
>
> Dependendo do grau de escolaridade e do programa você pode desenvolver a geometria plana ou a espacial, ou ambas, simultaneamente.
>
> Manuseando embalagens, os alunos poderão compreender melhor a relação entre *duas retas*, entre *reta* e *plano* e entre *planos* (paralelos, perpendiculares, concorrentes); *ângulo* e *ângulo poliédrico*, *propriedades dos polígonos* (triângulos, quadriláteros, etc.) e da *circunferência* e do *círculo* e dos *sólidos geométricos*.

Para criar uma embalagem necessitamos saber qual o produto (tipo, tamanho), para que tipo de consumidor (material, cor, adorno) e como será transportado. Com essas informações, inicialmente, procuramos fazer um desenho (em perspectiva e planificado) que deve conter todas as informações necessárias à sua confecção, como medidas, espécie de material dentre outros.

1.2.
FAZENDO
UMA CAIXINHA

Como se faz uma caixinha?

1. Façamos, inicialmente, o desenho de uma caixa na forma retangular.

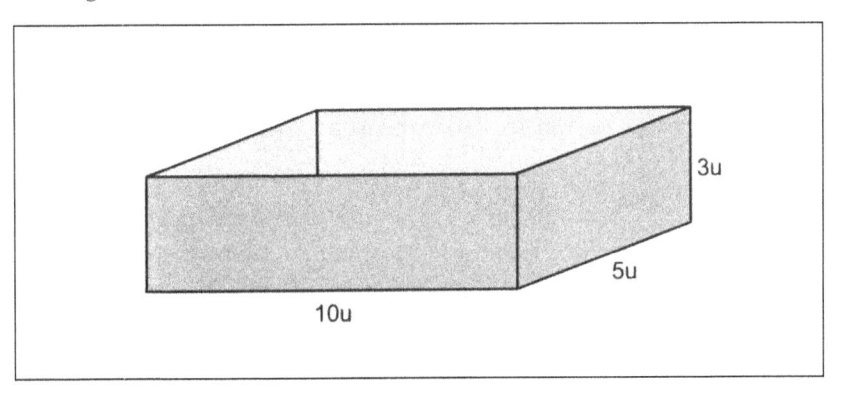

O desenho de um objeto pode ser expresso por meio de perspectivas.

2. Agora, tomemos uma folha de papel na forma retangular, para fazermos uma caixa com as medidas já descritas. Nesse caso, a folha deverá ter as seguintes medidas: 16u por 11u.

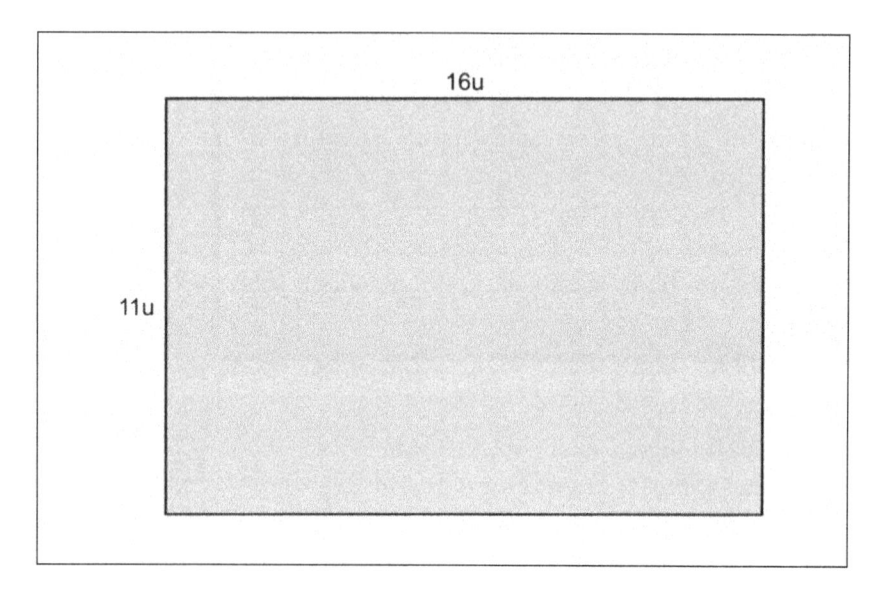

3. Com uma régua, vamos medir 3u da borda da folha e riscar levemente, com o lápis, uma linha, fazendo o mesmo nas demais bordas.

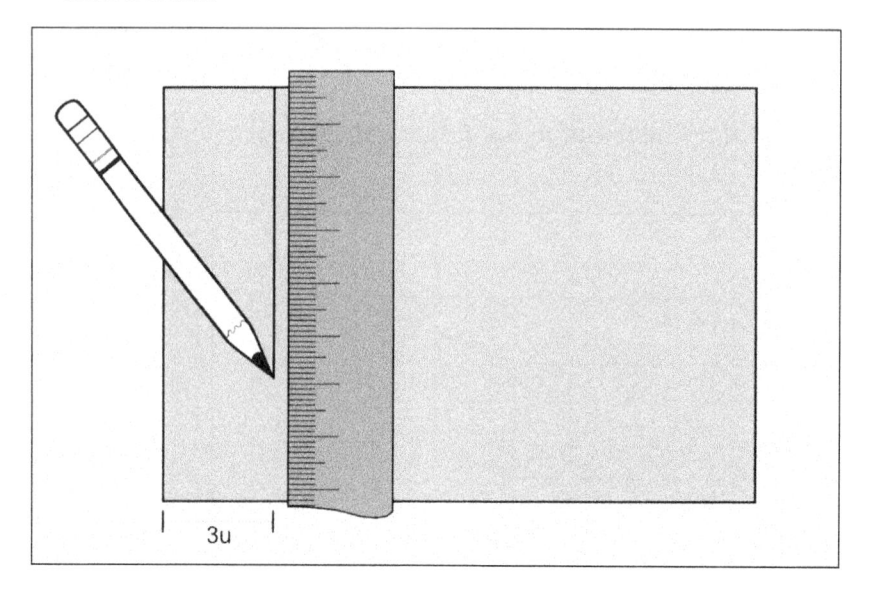

4. A partir daí, efetuamos a dobra em cada um dos riscos, montando uma caixinha.

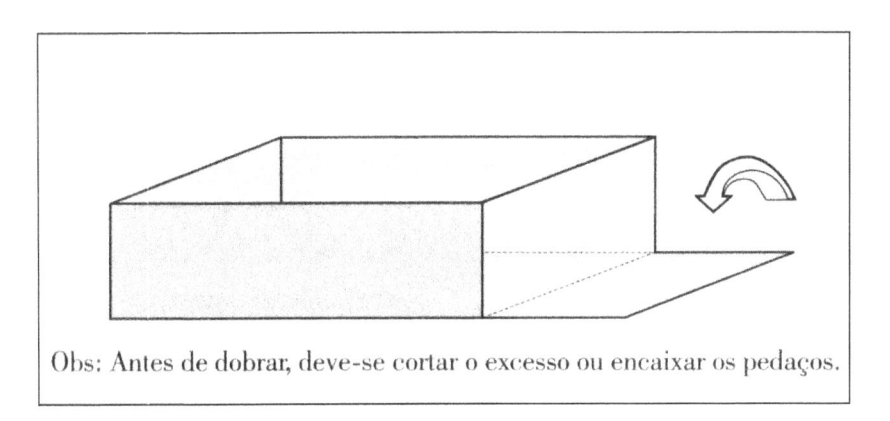

Obs: Antes de dobrar, deve-se cortar o excesso ou encaixar os pedaços.

A caixinha feita pelos alunos vale como modelo de embalagem. Seria melhor ainda, se eles criassem uma caixinha para um objeto em especial.

Esta atividade é interessante em qualquer faixa etária. Além de utilizar vários conceitos geométricos, propicia uma noção espacial. Para as crianças, em especial, vale como exercício de coordenação motora. Você pode propor que façam caixas na forma cilíndrica ou que criem uma embalagem para algum tipo de objeto. Se for necessário, introduza os conceitos de medida linear e de números racionais na forma decimal.

1.3.
VERIFICANDO A QUANTIDADE DE MATERIAL UTILIZADO

O valor da embalagem incide no valor final do produto. Uma preocupação é criar uma embalagem que utilize a mínima quantidade possível de material, sem perder a funcionalidade e a aparência.

Qual a quantidade de material utilizada em uma embalagem?

Para calcular a quantidade de material de uma embalagem de qualquer forma basta abrir – planificar – ou a supor aberta, fazendo um esboço com as devidas dimensões. A partir daí, calcula-se a área das figuras planas compostas.

Por exemplo, vamos calcular a quantidade de material de uma caixa na forma de um prisma de base retangular, conforme medidas especificadas a seguir. Neste caso, teremos quatro faces e duas bases na forma retangular sem considerar as dobras ou junções.

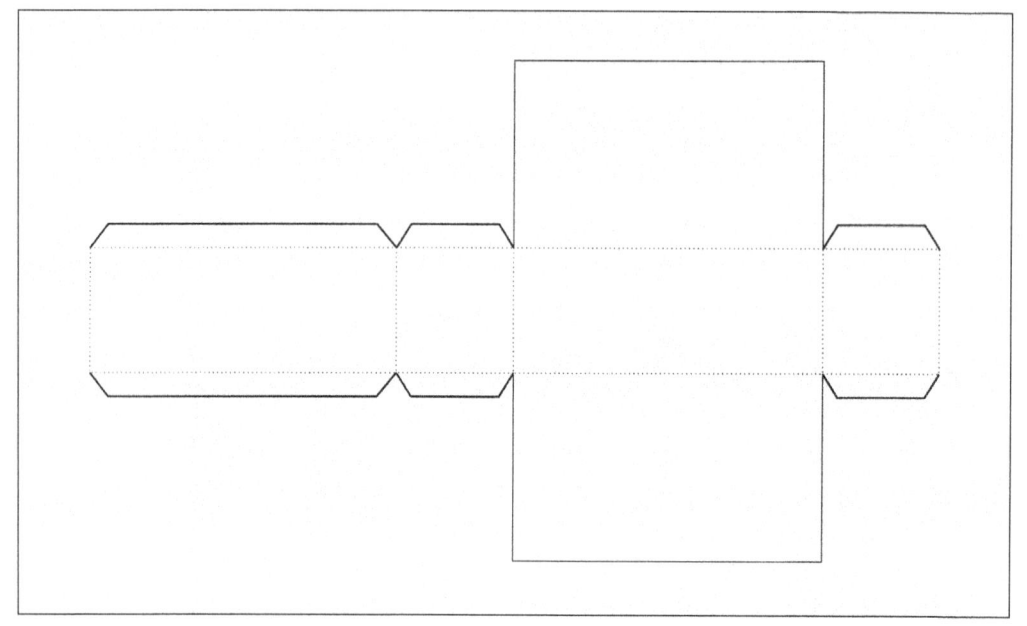

Fig. 1.2.

Área total = área das faces + área das bases

$$A_t = 2 \, (h \times a) + 2 \, (h \times b) + 2 \, (b \times a), \text{[1]}$$

onde a, b e h são as medidas da largura, comprimento e altura, respectivamente, da caixa.

Fazendo a = 6 cm; b = 9 cm e h = 16 cm, logo

$$A_t = 2 \, (16 \times 9) + 2 \, (16 \times 6) + 2 \, (6 \times 9) = 588 \text{ cm}^2$$

Como em uma embalagem há partes (internas/externas) nas junções ou dobras, essas medidas, também, precisam ser consideradas. No exemplo acima, não foram.

Outro exemplo: uma lata cilíndrica.

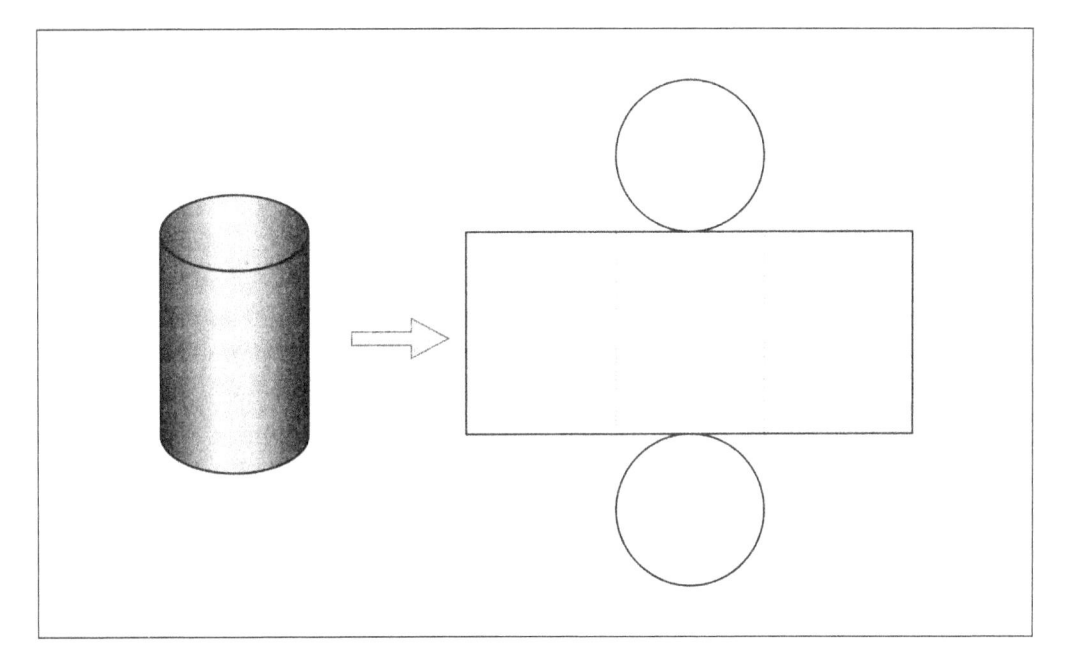

Como podemos verificar, a superfície lateral da lata é retangular. Portanto, a área pode ser encontrada por meio do produto entre dois lados consecutivos. Assim, para calcular a área de uma lata na forma cilíndrica (ou a quantidade de material necessário para fazer uma lata, sem considerar junções) podemos:

✓ tomar a medida do contorno no cilindro, que vem a ser um dos lados do retângulo, usando um barbante ou algo similar;

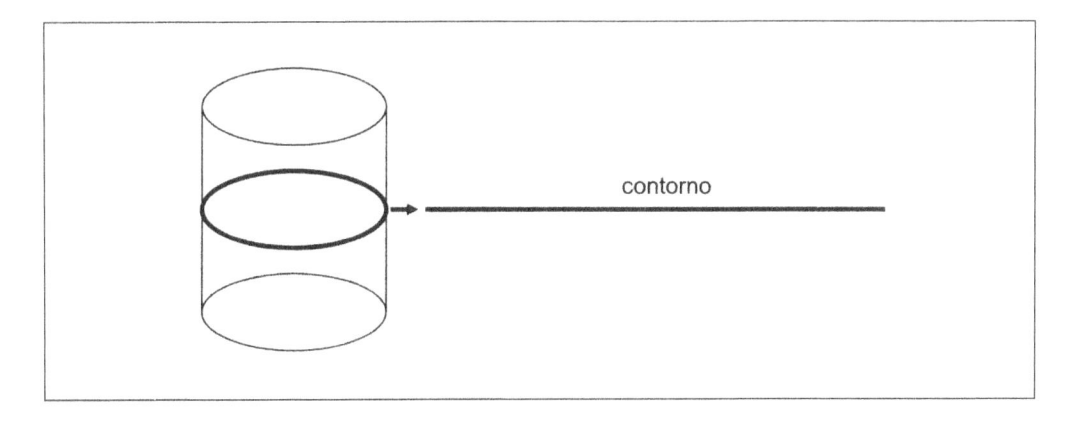

✓ multiplicar a medida do contorno pela da altura da lata, obtendo a área lateral.

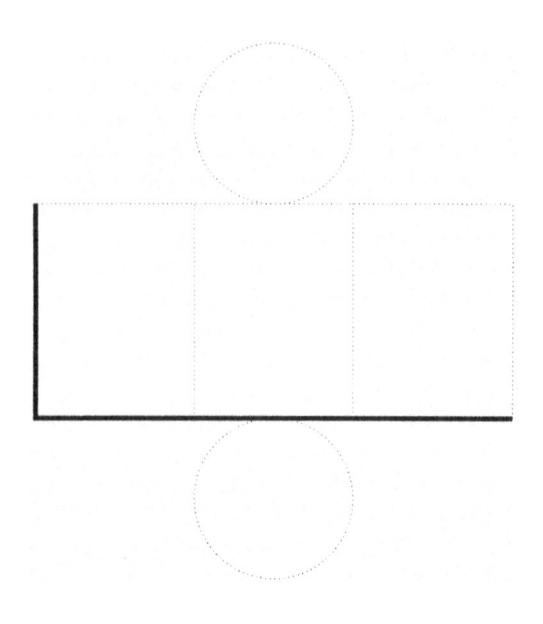

contorno ✕ altura = área lateral

✓ e, em seguida, fazer o produto entre o raio da circunferência pela metade da medida do seu contorno – obtemos a área do círculo. Verifique:

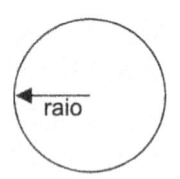

$$\frac{\text{contorno}}{2} \times \text{raio} = \text{área do círculo}$$

Área total = área lateral + área dos círculos

Sendo o contorno igual ao perímetro da circunferência da base, isto é: $(2\pi r)$, logo:

área lateral = contorno ✕ altura = $(2\pi r) \times h = (2\pi rh)$ e

área da base = (πr^2)

como temos duas bases obtemos: $2 \times (\pi r^2)$, portanto

área total = área lateral + área das bases

$$A = (2 \times \pi \times r \times h) + (2 \times \pi \times r^2) = (2\pi r) \times (h + r) \ ^{(2)}$$

fazendo r = 6 cm e h = 16 cm, vem:

$$A = (2 \times \pi \times 6) \times (16 + 6) = 264\pi \text{ cm}^2$$

Nessa etapa, você pode introduzir as *medidas de superfície – área*, conceituando e justificando por que a área do retângulo é igual ao produto do comprimento de dois lados consecutivos, deixando-os deduzir, de preferência por meio de desenhos ou recortes. Como farão muitos cálculos, e considerando que nem todas as medidas são inteiras, você também pode relembrar as operações com números decimais ou ainda implementar o uso de calculadoras. O importante aqui é que o aluno tenha habilidade de resolver o problema e desenvolver a criatividade, que, em certas circunstâncias, os cálculos pura e simplesmente podem não contribuir.

Sugestão de outras propostas:

1. Recortar um círculo em vários setores e, posteriormente, montar para obter um paralelogramo. Assim, pode-se verificar que a área do círculo (πr^2) é uma aproximação da área de um paralelogramo.
2. Encontrar diversos objetos que têm a forma circular e, usando um barbante, medir o contorno e a medida do diâmetro da forma circular efetuando, em seguida, a divisão entre o contorno e o diâmetro. Será mais interessante os alunos verificarem que a razão entre essas duas medidas é igual a 3,14..., aproximação do número π.

As expressões a seguir, que permitem calcular a área de um prisma de base retangular e de um cilindro de base circular, podem ser consideradas modelos. Isto porque por meio delas podemos obter a área de qualquer objeto que tem esse formato, variando apenas as medidas.

Área total de um prisma = $A_t = 2(ab) + 2(bh) + 2(ah)$

Área total de um cilindro = $A_c = (2\pi r) \times (h + r)$

Ao calcularmos a área de sólidos geométricos nos baseamos apenas nas medidas externas ou visíveis das faces e base. Na prática, porém, devemos estar atentos! No caso das embalagens, por exemplo, há material também nas junções e dobras, que deve ser considerado.

Sabemos que ao comprar um produto não só pagamos por este como também por sua embalagem. Dessa forma, quanto mais cara é a embalagem, mais caro fica o produto! Atualmente, ante a concorrência, o fabricante ou comerciante além de procurar oferecer

1.4.
A FORMA ÓTIMA: MÍNIMA ÁREA X MÁXIMO VOLUME

um bom produto, com boa aparência, necessita detectar as diversas variáveis que permitem baratear o produto, em particular a embalagem. Na embalagem, uma das propostas é estabelecer um formato adequado que utilize a quantidade mínima de material e o máximo aproveitamento ou volume.

Qual é a forma ideal para uma embalagem?

Vamos procurar responder a essa questão em três etapas.

Primeira etapa de formulação e resolução

Primeiro, tomemos uma embalagem (tipo longa vida) de leite. A forma é de um prisma de base retangular.

Seria esta a forma ideal? De menor custo?
De melhor manuseio?

Veja agora a embalagem de óleo comestível, na forma de um cilindro e com a mesma capacidade, isto é, capacidade para um litro. Em seguida, calcular a quantidade de material – área – necessária para cada uma delas, supondo que o volume (V) seja o mesmo para ambas.

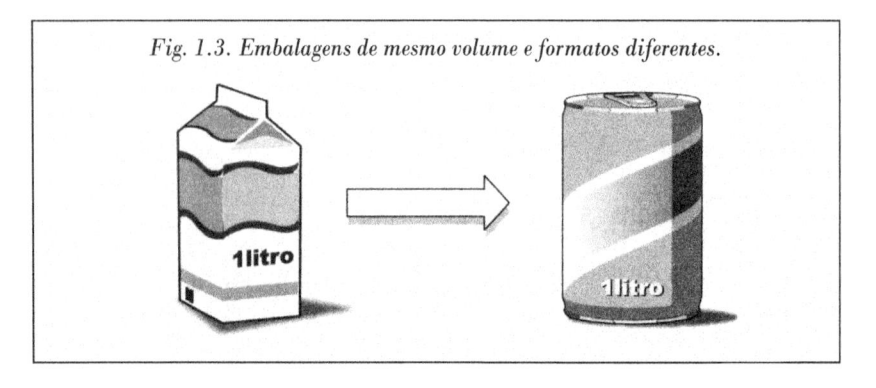

Fig. 1.3. Embalagens de mesmo volume e formatos diferentes.

O volume de um sólido geométrico é a medida do espaço ocupado por este.

Por exemplo, o volume de um prisma pode ser calculado multiplicando as três medidas correspondentes à altura (h), à largura (a) e ao comprimento (b), ou seja:

$$Volume = altura \times largura \times comprimento$$
$$ou$$
$$V = h \times (a \times b)$$

Observamos que largura $\times$ comprimento = área de base, logo

$$Volume = \text{área de base} \times altura$$

$$V = A_b \times h \quad [3]$$

> **Na maior parte das bibliografias a palavra altura vem representada por h que significa _height_, em inglês**

O volume de um cilindro também pode ser determinado pelo produto entre a área da base pela altura.

$$V = A_b \times h$$

Se a base do cilindro for circular, então a área da base é dada por $\pi \times r^2$, logo:

$$V = \pi \times r^2 \times h \quad [4]$$

A diferença entre o volume ocupado pela embalagem e a capacidade é que ao determinar o volume (produto entre medidas externas do sólido) tem-se a medida que o sólido ocupa no espaço; e determinando o volume interno do sólido tem-se a capacidade. A unidade de medida de volume é o cúbico e para a capacidade, também pode ser utilizado o litro.

Supondo que as embalagens tenham o mesmo volume (V) e mesma altura (h), chamando o volume da embalagem na forma de um prisma de V_1 e a de forma cilíndrica de V_2, tem-se:

$$V_1 = V_2$$
$$a \times b \times h = \pi \times r^2 \times h$$

cancelando h, obtemos:

$$a \times b = \pi \times r^2 \quad (5)$$

onde a e b são as respectivas medidas dos lados (largura e comprimento).

Tomando a = 6 cm, b = 9 cm, temos

$6 \text{ cm} \times 9 \text{ cm} = \pi \times r^2 = 54 \text{ cm}^2$ e portanto

$$r = \sqrt{\frac{54}{\pi}} \text{ cm} \cong 4{,}15 \text{cm}$$

Com esses valores podemos calcular as áreas das superfícies das duas embalagens.

✓ Iniciando pelo cálculo da caixa na forma de um prisma de base retangular, teremos quatro faces e duas bases na forma retangular. Usando o exemplo anterior, ou seja, da caixa com as medidas a = 6 cm, b = 9 cm e h = 16 cm

$$\text{Área total} = A_t = 2(16 \times 9) + 2(16 \times 6) + 2(6 \times 9) = 588 \text{ cm}^2$$
$$\text{Área total} = 588 \text{ cm}^2$$

✓ Agora, passemos ao cálculo da caixa na forma de um cilindro.

$$\text{área} = c \, (contorno) \times h \text{ (altura)}$$

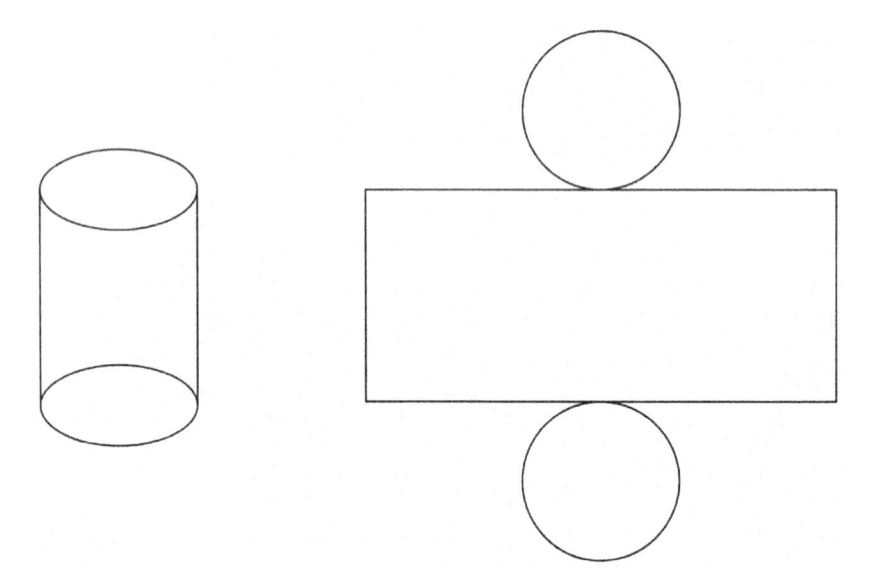

$$A = \text{área lateral} + \text{área das bases}$$
$$A = (2 \times \pi \times r \times h) + (2 \times \pi \times r^2)$$

Substituindo na expressão os valores:

$$h = 16 \text{ cm e } r = \sqrt{\dfrac{54\text{cm}^2}{\pi}}$$

Área total $\cong 524,79$ cm^2

Embora as embalagens dadas tenham o mesmo volume e a mesma altura, as áreas não são as mesmas, isto é, uma embalagem na forma retangular utiliza mais material que uma na forma cilíndrica:

$$588 \text{ cm}^2 > 524,79 \text{ cm}^2$$

A diferença é pequena, porém, quando somado a milhares de embalagens, essa diferença é significativa. Vale destacar, também, que, na prática, uma embalagem não tem apenas faces e bases. Há também as dobras necessárias para o encaixe. No corte, essas dobras, muitas vezes, geram um grande desperdício. É fundamental que se estude a melhor forma de efetuar o corte para minimizar desperdícios. No exemplo, não consideramos a área relativa às dobras.

Nesta etapa, você pode desenvolver conceitos de *medidas de volume*, *capacidade* e *massa*. Outras atividades que podem ser sugeridas aos alunos:

1. Para alunos das séries iniciais apresentar os conceitos de volume e capacidade a partir de experiências, como: empilhar diversas caixas ou latas e comparar o tamanho ou o espaço que ocupam; colocar os mais diversos materiais dentro das embalagens (pedra, areia, algodão, água) para compreender capacidade e densidade.

2. Medir outras embalagens ou objetos ou ambientes fora da sala de aula, registrando em uma tabela. Em seguida, calcular área, volume e capacidade respectivos. É importante que o aluno, ao efetuar os cálculos, saiba interpretar o significado do resultado, ou seja, o que significa calcular a área de uma caixa ou a capacidade de uma sala de aula etc.

3. Construir uma caixa na forma de um cubo, de isopor ou material de embalagem "longa vida" de tal maneira, que

a medida interna seja 10 cm. Após vedarem a caixinha e colocar nela 1 litro de água poderão verificar que 1 litro corresponde aproximadamente a 1 decímetro cúbico (ao nível do mar, sob pressão normal, a 4° C).

$$1 \ \ell = 1 \ dm^3 = 1000 \ cm^3$$

$$V = 1 \ dm \times 1 \ dm \times 1 \ dm = 1 \ dm^3 = 1 \ \ell$$

Dependendo do grau de escolaridade apresente a diferença entre massa e peso. Em geral, usamos peso como sinônimo de massa.

Fazendo uso de uma balança, os alunos podem verificar a massa de uma caixa de sapato com pedras e depois com algodão. E depois a massa de uma lata de óleo vazia e com 1 litro de água. A água contida em um litro, sendo "pesada" numa balança de dois pratos, nos fornece a medida de quilograma. Atividade como esta pode valer como exemplo para conceituar densidade, mesmo que não faça parte do programa.

No exemplo anterior, demos valores para a, b, h. Agora vamos fazer a mesma coisa com valores quaisquer.

Segunda etapa: generalização do problema

O exemplo apresentado mostra que a área total de um prisma é maior que a área total de um cilindro com o mesmo volume e a mesma altura. Vamos verificar agora se esta relação é válida para quaisquer medidas. Temos:

Volume do prisma: largura $\times$ comprimento $\times$ altura ou

$$V = (a \times b) \times h$$

Volume do cilindro: área da base $\times$ altura ou

$$V = (\pi \times r^2) \times h$$

onde a e b são as respectivas medidas dos lados do prisma (largura e comprimento), r o raio do cilindro e h a altura do cilindro e do prisma.

Considerando os volumes iguais para os dois sólidos, obtemos:

$$V_1 = V_2$$
$$b \times a \times h = \pi \times r^2 \times h$$

cancelando h, obtemos:

$$b \times a = \pi \times r^2 \text{ (5)}$$

ou ainda

Área total de um prisma de base retangular:

$$2\,(ab) + 2(ah) + 2(bh) = 2\,[ab + h(a + b)]$$

A área total do cilindro é:

$$(2\pi\,rh) = (2\pi\,r^2)$$

Comparando as duas áreas [1] e [2]:

Área do prisma $= 2[ab + h(a + b)]$

Sendo que $ab = \pi r^2$ (por[5]) e portanto $a = \dfrac{\pi r^2}{b}$ e $b = \dfrac{\pi r^2}{a}$, substituindo na expressão acima:

$$\text{Área do prisma} = 2\left[\pi r^2 + h\left(\frac{\pi r^2}{b} + \frac{\pi r^2}{a}\right)\right] = 2\pi\,r^2 + 2\pi\,rh\left(\frac{r}{b} + \frac{r}{a}\right)$$

$$> 2\pi r^2 + 2\pi\,rh = \text{Área do cilindro}$$

Num raciocínio análogo, considerando um prisma de base retangular e um cilindro com áreas iguais e mesma altura, obtemos que o volume do cilindro é maior que o volume do prisma. Verifique!

> Você pode apresentar esta relação área $\times$ volume sem apresentar fórmulas! Ou mesmo antes de demonstrar. Sugestão:
>
> 1. calcular a área total de duas latas de óleo: uma na forma cilíndrica e de outra, na forma retangular, de mesma capacidade e comparar;
> 2. tomar três folhas de papel de mesmo tamanho (pode ser quadrada ou retangular) e calcular a área de uma folha;

fazer com essas folhas, três caixinhas com alturas diferentes e, então, comparar o volume interno, colocando alguma coisa dentro (como areia ou farinha). Na primeira atividade, os alunos poderão observar que, embora as capacidades sejam a mesma, a quantidade de material (área) varia. De igual forma, na segunda atividade, a quantidade de papel é a mesma para as três, porém os volumes variam.

Terceira etapa de formulação e resolução

Agora, vamos procurar saber qual a forma "ótima" para uma caixa, isto é, a que utiliza um mínimo de material para um máximo aproveitamento. Para isso, vamos supor que dispomos de uma folha de papelão na forma quadrada, medindo 20 cm de lado.

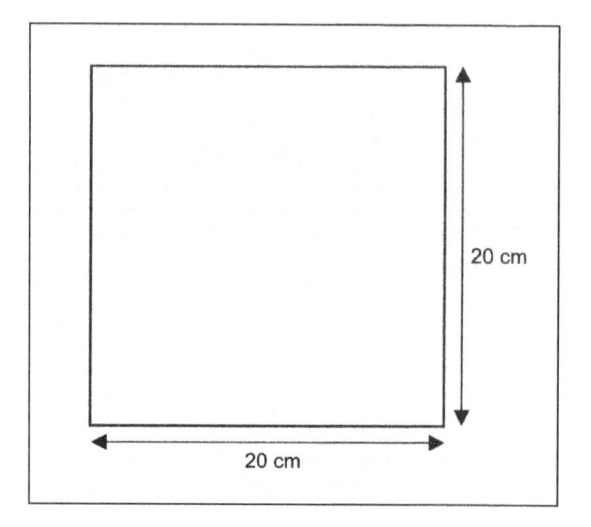

20 cm

20 cm

Qual deve ser a altura da caixa (quanto dobrar) para que o volume seja máximo?

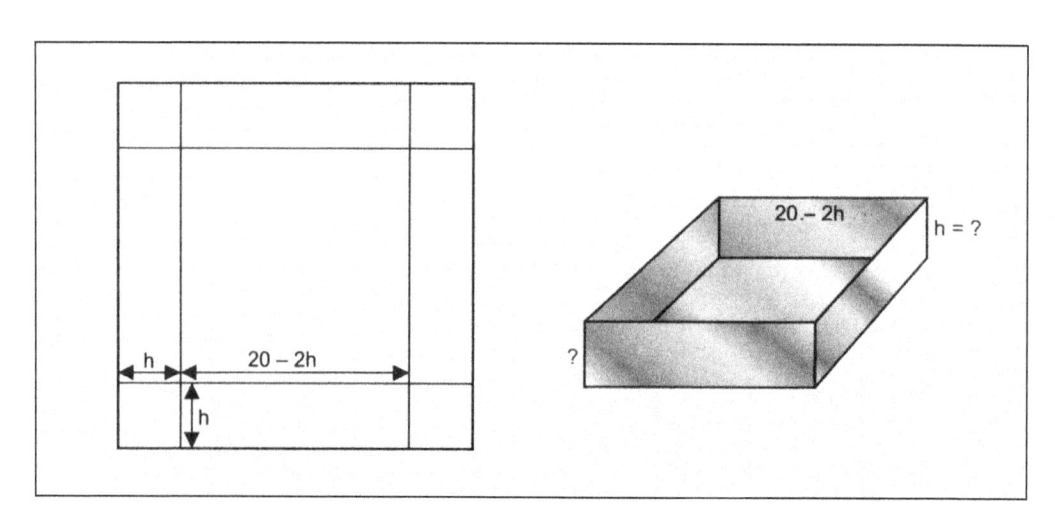

Encontrando a equação que determina o volume da caixa em função da altura.

$$V = \text{área da base} \times \text{altura}$$

Como a base é quadrada, a área da base é $(20 - 2h)^2$. Considerando h a medida da altura da caixa, temos:

$$V = (20 - 2h)^2 \times h, \; 0 < h < 10$$

$$V = V(h) = (400 - 80\,h + 4h^2) \times h$$

> Neste momento podemos apresentar o conceito de função, função polinomial e pontos críticos de uma função. No exemplo, a função V(h) é um polinômio de 3° grau.

Representando essa função no gráfico podemos obter seus pontos críticos ou seja os pontos de máximo e mínimo.

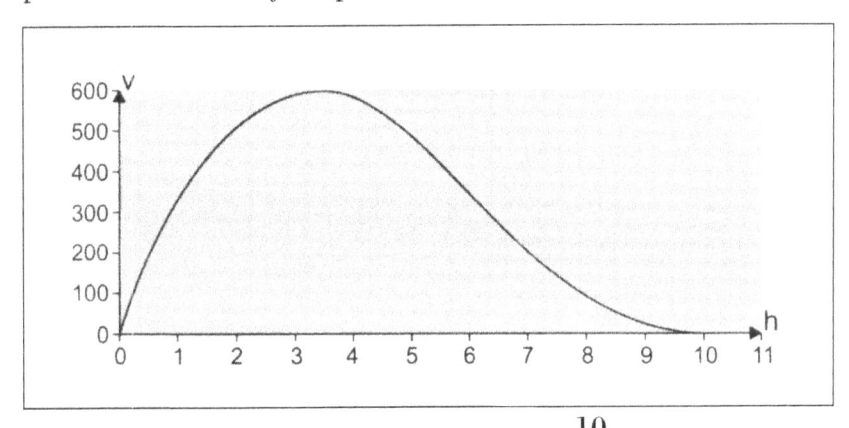

Pelo gráfico, o ponto máximo é $h = \dfrac{10}{3}$. Como estamos procurando a medida da altura que permita um máximo volume, a medida de h deve ser $\dfrac{10}{3} = 3,33$ cm.

> Como conseguiremos cortar $\dfrac{10}{3}$ de cada canto da folha de papelão, se esta conta não é exata? Esta é uma motivação para se trabalhar com valores aproximados!

Analisando a relação entre área e volume dos prismas de mesma altura h, podemos observar que quanto maior o número de lados do polígono da base, isto é, quanto mais o polígono se aproxima de um círculo, menor será a área total do prisma.

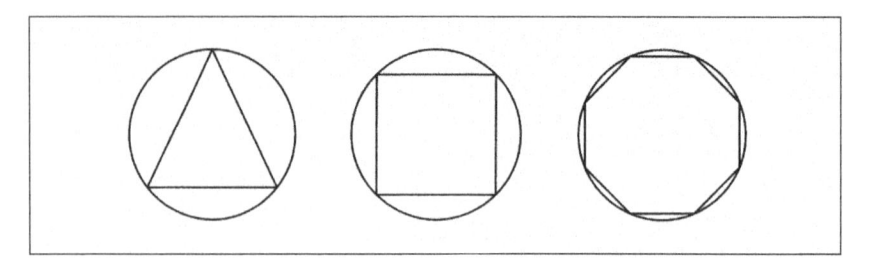

Significa que mantendo a mesma área para prismas e cilindro: volume do prisma de base triangular < volume do prisma quadrangular < volume do prisma hexagonal < volume do prisma octogonal < volume do cilindro.

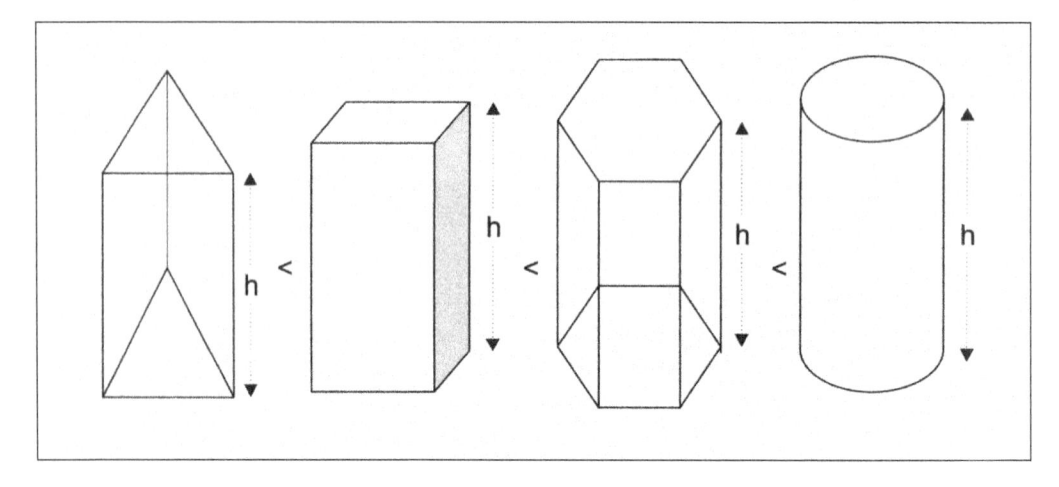

Na proposta, a embalagem de leite é na forma retangular. Isto significa que é utilizado mais material do que se a embalagem fosse em outro formato com base mais próxima de um círculo. Supomos que a razão dessa forma retangular seja a de ocupar menos espaço dentro das caixas que são utilizadas no transporte. Além disso, devido o material ser um tanto flexível, essa forma permite um melhor manuseio. Por isso, ao criar uma embalagem é necessário, *a priori*, saber qual é o tipo de produto (tamanho, forma, massa, densidade, durabilidade), para que consumidor, a forma de transporte e, a partir daí, definir qual é o material ideal para embalar esse produto, a forma e tamanhos ideais.

O tema embalagem, como já foi dito, pode ser utilizado desde as séries iniciais até o ensino superior, adaptando-o à forma de abordagem e à ênfase do conteúdo de acordo com o programa de ensino. Por exemplo, nas séries iniciais o professor pode fazer uso das embalagens mais conhecidas pelos alunos (achocolatado, refrigerante, guloseimas) para iniciar com a alfabetização. Atualmente, com o tipo de propaganda existente, as crianças já conhecem muitas marcas de produtos, ou seja, já sabem ler. Além disso, manuseando-as, poderão aprender sobre formas, tamanhos, cores, interior e exterior, dentre outros.

Na educação superior, em particular em Cálculo Diferencial Integral, o aluno pode fazer uso de derivadas para encontrar o "tamanho ótimo" de uma embalagem, ou seja, as medidas ideais para que tenha um mínimo de área (gaste o mínimo de material) para um máximo volume (tenha um máximo aproveitamento). Também pode-se encontrar um modelo matemático que permita reduzir o desperdício no momento que se faz o corte de material para embalagens.

Seja qual for o grau de escolaridade uma conscientização sobre o meio ambiente, a reciclagem do lixo e a visita as fábricas de embalagem e reciclagem de materiais são essenciais!

2. Construção de casas

Para a construção de uma casa são necessários: terreno, mão de obra (engenheiro, pedreiro, eletricista, encanador), material (tijolos, cimento, brita), desenho – *planta da casa* –, entre outras. Ao projetá-la, não basta decidir o formato, o tamanho ou a fachada. É preciso procurar meios para garantir, também, o conforto ambiental. Isto é, buscar o melhor posicionamento dos cômodos e aberturas (portas e janelas) para garantir luminosidade, temperatura e ventilação ideais. São cuidados essenciais! Para isso, é importante que o projetista leve em consideração, pelo menos, as condições do terreno, a posição do sol no decorrer do ano e o clima da região.

Nesta proposta, apresentamos algumas questões elementares para a construção de uma casa, propondo a feitura de uma planta baixa e uma maquete. As questões permitem abordar geometria plana e espacial; sistemas de medidas (linear, superfície, volume, capacidade e massa); produto notável; relações métricas do triângulo retângulo; porcentagem, dentre outros. Podendo ser adaptada para qualquer etapa de ensino, do fundamental ao superior.

2.1. Planta baixa

O projeto de uma casa é fundamental, pois, além de permitir estimar o custo da obra, é o guia do construtor. Um projeto consiste nos desenhos, devidamente especificados, de uma planta baixa (a casa e divisões internas vistas de cima), vistas laterais e fachada e em perspectiva. Assim, o projeto inicia-se com o esboço da *planta baixa*.

Fig.2.1.

> Você pode começar o trabalho com uma discussão informal com os alunos sobre construção de casas para verificar o que sabem a respeito: *O que é preciso para construir uma casa? Como o pedreiro sabe o tamanho e o modelo de uma casa? Onde construir? Em que terreno? Qual a forma do terreno?*

> Em seguida, proponha aos alunos que façam um esboço de uma planta baixa de casa.
>
> Esta atividade deve ser livre, sem qualquer orientação ou modelo. Além de estimular a criatividade, pode servir para avaliar os conhecimentos dos alunos sobre os conceitos geométricos e de medida.
>
> Podemos fazer uso destes esboços para apresentar os primeiros elementos de geometria.

Como fazer uma planta baixa de uma casa?

Para se fazer uma planta baixa, o primeiro passo é garantir que os segmentos que representam as paredes estejam paralelos e/ou perpendiculares, caso a forma dos interiores seja quadrilátera. As portas e janelas (aberturas) também devem estar indicadas.

Esboço de planta

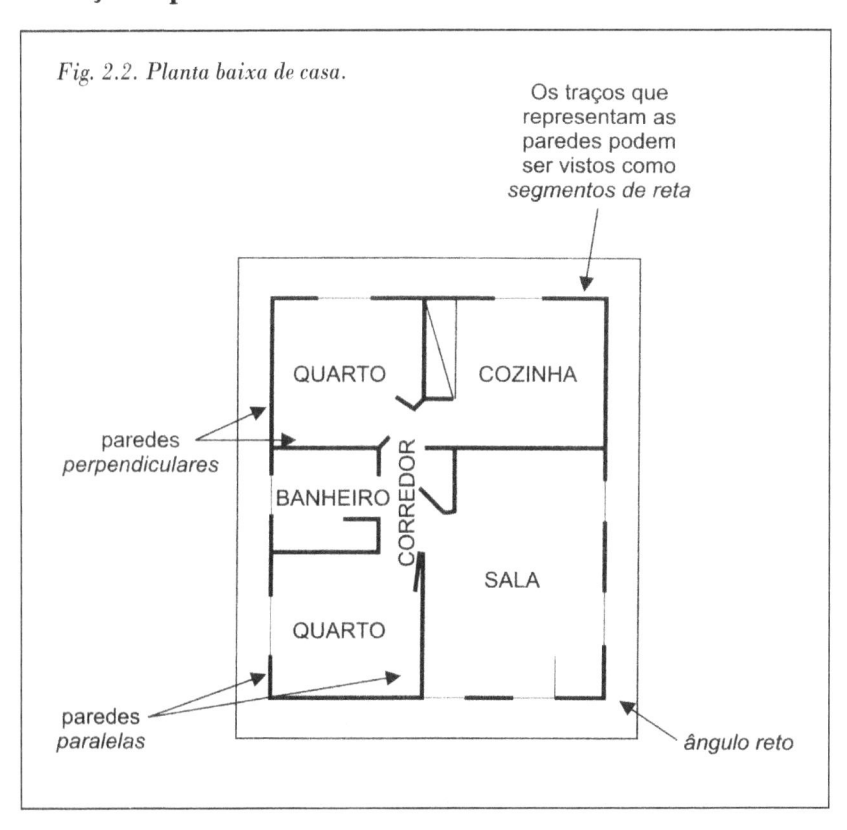

Fig. 2.2. Planta baixa de casa.

> Os conceitos podem ser introduzidos a partir de questionamentos aos alunos sobre suas dificuldades na elaboração dos desenhos, levando-os, dessa forma, a aprender o conteúdo como uma "ferramenta" necessária. Usando a planta baixa, você pode apresentar os conceitos de geometria que julgar procedente, fazendo fluir o diálogo entre você e seus alunos sobre o desenho que estão realizando ou já realizaram.

Como o construtor sabe o tamanho da casa que se quer construir?

A palavra "tamanho" nos remete à ideia de medida. As medidas são padrões específicos que relacionam cada objeto com outros de "estrutura" semelhantes.

Desde a Antiguidade o ser humano vem procurando encontrar meios ou objetos para usar como unidades de medidas. Por exemplo, as partes do próprio corpo, como o polegar, o palmo, o pé, o braço. Como o tamanho das partes do corpo humano varia de pessoa para pessoa, procurou-se estabelecer uma unidade padrão. No Brasil, a unidade padrão utilizada é o *metro*. Mesmo assim, nos dias atuais, ainda utilizam-se partes do corpo humano como unidade de medida. Neste caso estabeleceu-se um tamanho padrão. Exemplos: a altura de cruzeiro de um avião é medida em pés, sendo o pé equivalente a 33 cm; bitola de cano é medida em polegadas; a polegada equivale a 2,54 cm.

> Para introduzir medidas lineares, você pode solicitar aos alunos que façam uma tabela constando os objetos ao redor e, em seguida, encontrem as medidas usando como unidade ou instrumento alguma parte do próprio corpo (polegar, palmo, braça, passos). Por exemplo:
>
> | Objetos | Unidade de medida |
> | --- | --- |
> | carteira | palmos |
> | lápis | polegar |
> | classe | passos |

O construtor executa uma obra por meio da planta – desenho, que deve ser semelhante à casa que se quer construir, porém reduzida. O processo utilizado para reduzir ou aumentar um desenho, sem alterar a forma, é denominado escala.

Para isso façamos valer:

1 cm da planta ⇨ 1 m da casa ou 1 : 100 (escala de 1 por 100)

ou então,

2 cm da planta ⇨ 1 m da casa ou 2 : 100 (escala de 2 por 100)

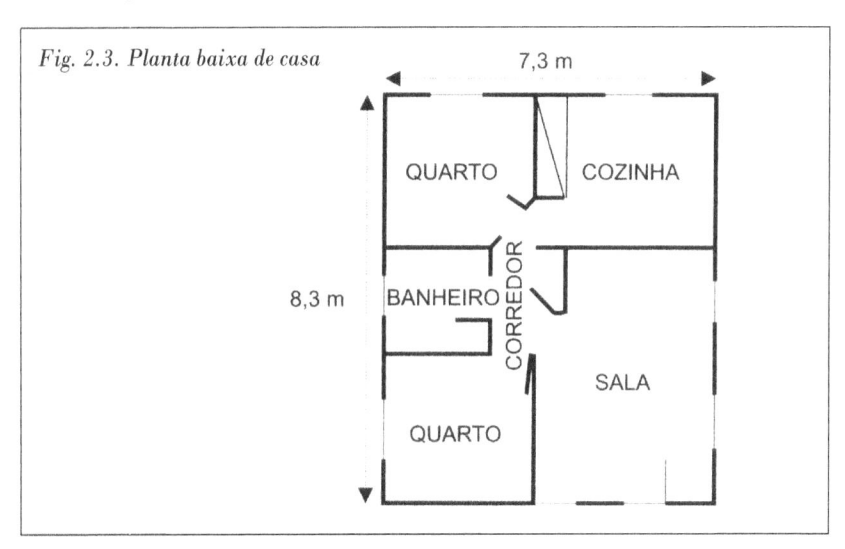

Fig. 2.3. Planta baixa de casa

meio das imagens em fotografia, em revistas ou na televisão. A ideia de proporcionalidade se faz presente em nossas atividades. Dependendo do grau de escolaridade, vale propor aqui, mesmo que oralmente, um número significativo de exemplos, propiciando condições para que os alunos os resolvam, sem "regras". Por exemplo: se um refrigerante custa R$ 1,00, oito refrigerantes custam....

Qual é a medida do terreno? Qual o lugar ideal do terreno para construir a casa?

Vale lembrar que há normas para construir uma casa. Essas normas variam de região para região. Na planta, deve constar também o espaço que será ocupado pelas paredes, bem como as medidas relativas ao terreno e da parte deste que será ocupada pela casa. Isto é, a área do terreno, da casa e dos cômodos.

A área de uma figura geométrica plana é o número que expressa a "medida" da superfície dessa figura numa certa unidade.

Supondo que o terreno e a planta da casa tenham formas retangulares e que as medidas destes sejam, respectivamente: 12 m por 25 m e 8 m por 10 m.

Portanto, a área

- do terreno é $12 \text{ m} \times 25 \text{ m} = 300 \text{ m}^2$ e
- da planta baixa da casa, $8 \text{ m} \times 10 \text{ m} = 80 \text{ m}^2$

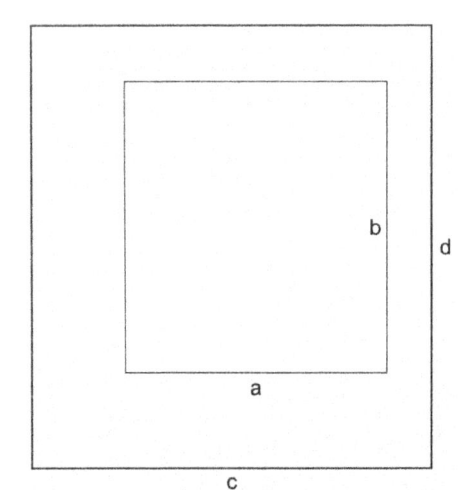

área da casa = $(a \times b) \text{ m}^2$

área do terreno = $(c \times d) \text{ m}^2$

> Usando a planta baixa você pode passar a discutir com os alunos sobre a parte do terreno que a casa ocupará e introduzir o conceito de medida de superfície plana, propondo os cálculos das áreas dos cômodos, da casa, do terreno. Os cálculos envolvendo medidas de superfície permitem apresentar o conceito de números racionais na forma fracionária.

Quando o espaço físico é pequeno e queremos um melhor aproveitamento, o ideal é procurar saber, *a priori*, as medidas dos objetos bem como planejar sua distribuição no espaço, para estabelecer as medidas dos ambientes. Atualmente, há programas de computador que permitem simular o ambiente, a cor, a forma, a disposição de móveis etc.

Como a porta ocupa um espaço significativo, uma alternativa é posicioná-la no "canto", de tal forma que estando aberta determine um ângulo de 90°. O posicionamento das janelas ou vitrôs deve garantir maior conforto no ambiente (luz, calor, ventilação etc).

Área útil e área construída: como relacioná-las?

Façamos um esboço de uma planta baixa de forma retangular, supondo que as medidas internas sejam 7 m e 8 m, respectivamente, e a espessura da parede seja 0,15 m.

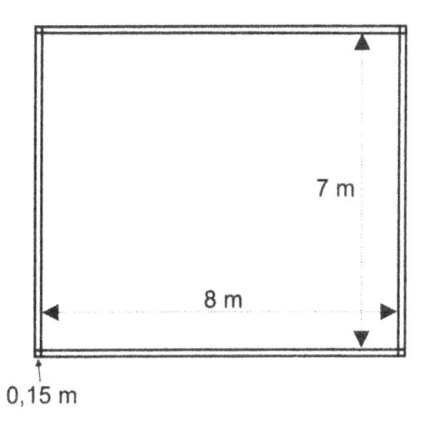

Temos que:

Área total = área útil (interna) + área ocupada pelas paredes + área ocupada pelas colunas

Neste caso, representando a identidade, numericamente:

$[8 + 2 (0,15)] \times [7 + 2 (0,15)] = (7 \times 8) + 2 [7 \times (0,15) + 8 \times (0,15)] + 4 (0,15^2)$

Como o esboço pode ser a forma de outro ambiente variando somente as medidas, podemos considerar:

$$8 \text{ m} = a$$
$$7 \text{ m} = b$$
$$0,15 \text{ m} = c$$

Substituindo na expressão numérica acima, obtemos uma expressão algébrica que nos sugere um produto entre polinômios.

$$(a + 2c) \times (b + 2c) = (ab) + 2 (bc + ac) + 4 (c^2)$$

Se a forma do ambiente for quadrada, isto é, se a = b, a expressão algébrica fica:

$$(a + 2c) \times (a + 2c) = (a^2) + 2 (ac + ac) + 4 (c^2)$$
$$(a + 2c)^2 = a^2 + 4ac + 4c^2$$

a ideia de um produto notável.

> Para encerrar essa etapa, você pode propor que os alunos façam outra planta baixa, agora, contendo as especificações exigidas. Este momento vale como avaliação: enquanto desenham, verifique se os conceitos geométricos, as medidas lineares e as operações com números racionais já estão incorporados, retomando o que for necessário. A planta baixa elaborada pelo aluno pode ser considerada um modelo!

A construção de uma casa envolve uma série de etapas da construção como alicerce, paredes, laje (ou forro), telhado, acabamento etc. Cada etapa exige cuidados especiais!

2.2.
MAQUETE

Para se ter uma ideia dessas etapas, pode-se fazer a maquete da casa projetada. A maquete é um modelo da casa que se quer construir! Como modelo, permite não apenas dar uma noção de como será a casa, mas também calcular a quantidade de material necessário para a construção.

A elaboração da maquete é um trabalho artesanal muito agradável! A maquete pode ser de papelão, isopor, madeira etc. É mais fácil lidar com o isopor. A escolha do material, porém, fica a critério de cada um. Seja como for, para montar a maquete é necessária uma "base" firme. Um material propício é isopor ou papelão. Sobre a base cola-se a planta baixa ampliada, de acordo com a escala. Sugerimos que as paredes da maquete sejam cortadas inteiras e, então, fixadas com cola e alfinete.

O ideal é que a elaboração da maquete seja feita em grupo (de três alunos, no máximo) e na sala de aula. Como a sala de aula transforma-se em uma oficina, é melhor estabelecer aulas somente para esse trabalho, deixando para as demais a discussão, a justificativa e a formalização do conteúdo programático.

Tanto a maquete quanto as demais atividades propostas não devem ser feitas em um único momento, mas distribuídas ao longo do período letivo, para que cada tópico matemático do programa possa emergir das atividades de forma gradual e significativa. O trabalho artesanal tem um papel muito especial. É nesse clima descontraído que se pode avaliar a aprendizagem dos conceitos matemáticos.

Neste momento, você pode propor também, que façam uma pesquisa sobre os tipos de material disponíveis para construção civil, entrevistas com profissionais na área, pesquisa em revistas especializadas e, se possível, visita a algumas obras, desde que haja consentimento por parte do profissional responsável.

Para fazer a maquete, começamos ampliando a planta baixa da casa no papel cartolina como se a folha de cartolina fosse o terreno.

Que escala usar?

A escala depende da espessura do material que será usado como paredes.

Por exemplo, supondo que o material a ser usado sejam placas de isopor de 8 mm de espessura.

- A espessura da parede de uma casa: 15 cm
- A espessura da parede da maquete: 8 mm = 0,8 cm
- Um metro é igual a 100 cm

Tamanho real	Cartolina
100 cm	x
15 cm (parede)	0,8 cm

determinando a escala para a maquete

$$x = \frac{100 \times 0,8}{15} = 5,33... \text{ (escala)}$$

ou seja, 5,33 : 100

O número obtido para a escala fará com que a maquete fique muito grande. No exemplo, a casa de 7,3 m por 8,3 m ocuparia um papel de 38,9 cm por 44,2 cm. Além disso, os cálculos nas respectivas transformações seriam dispendiosos. Uma alternativa é usar uma escala 4:100. No caso de utilizar a escala 4:100 (quatro por cem), a parede real teria uma espessura de 20 cm, fora dos padrões normais. Se você tem um papel sulfite, que escala adotaria para fazer a planta da casa 7,3 m por 8,3 m, usando o máximo de sua folha?

Como fazer as paredes da maquete? Como montar?

A partir das medidas reais da casa, como altura das paredes, tamanho de cada ambiente etc., calculam-se os valores correspondentes da maquete e delineiam-se as partes sobre o material, efetuando, assim, o corte. Uma vez cortada as paredes é só montar!

Para que se possa montar a maquete, uma alternativa é fazer um levantamento do número de paredes e respectivas medidas e em seguida, cortá-las todas de uma vez. É preciso analisar a maneira ideal para o corte (das paredes) da folha de isopor ou papelão, riscar, para, em seguida, cortar.

As paredes da maquete da casa, uma vez cortadas e montadas, sugerem a forma de um prisma. Prisma, pirâmide, esfera, cilindro e cone são denominados sólidos geométricos.

Fig. 2.4.

Esta atividade inicia-se com o trabalho artesanal. Sugerimos que o conceito de sólido geométrico seja apresentado após o corte e montagem das paredes da maquete. Dependendo do grau de escolaridade dos alunos, solicite que tragam para a sala de aula os mais diversos tipos de embalagem ou objetos como caixas (em forma de prismas), latas (em forma de cilindros), copinhos plásticos (forma de tronco de cone) etc.

A atividade pode ser estendida ou reduzida, dependendo do grupo de alunos envolvidos e dos objetivos quanto ao conteúdo matemático a ser desenvolvido. Por exemplo, se os alunos não são das séries iniciais, não é necessário conceituar escala, nem mesmo encontrar a quantidade de material necessário, como tijolos e revestimentos.

Você mesmo pode sugerir o material para a maquete (com a devida espessura) e o coeficiente para ampliação. É possível que a maquete fique desproporcional! Isto não importa muito, se o objetivo é dar uma ideia dos sólidos geométricos e estimular a criatividade de cada um.

Se o objetivo é ensinar ou então exercitar operações com números decimais, isto será alcançado plenamente, uma vez que terão de transformar cada medida (janela, porta, paredes etc.) para ser usada na maquete e calcular a quantidade de revestimentos, tijolos etc. No caso de se tratar do ensino médio, etapa em que o assunto é geometria espacial, a elaboração de uma maquete pode servir de ponto de partida para a introdução de todos os tópicos do programa: definição, área e volume dos sólidos geométricos.

Como calcular a quantidade de tijolos,
azulejos e pisos para uma casa?
Qual a quantidade de tinta para as paredes?

Vamos tomar uma parede com as seguintes medidas:

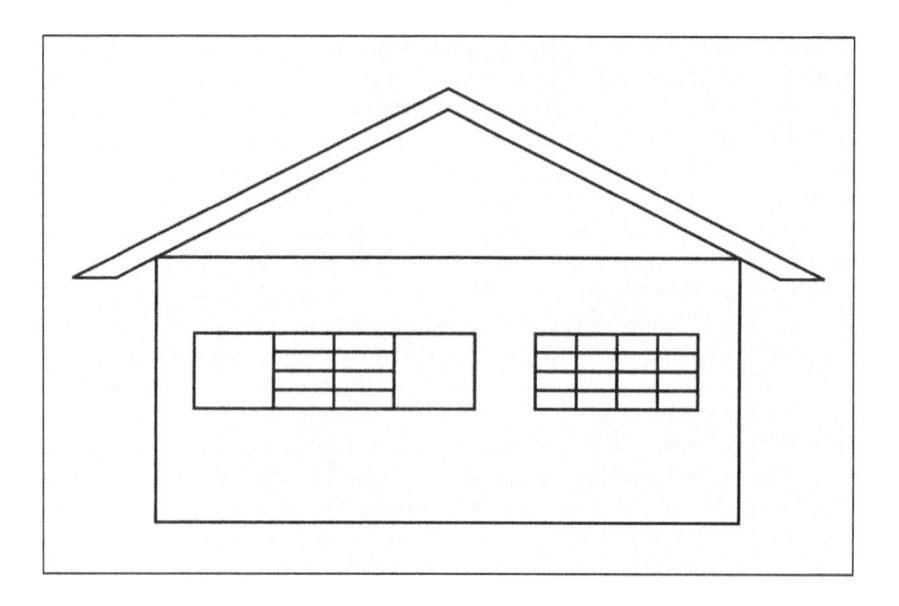

área da parede = área total – área das janelas

$$= (3 \text{ m}) \times (6 \text{ m}) - 2 \times (1 \text{ m} \times 1,5 \text{ m})$$

$$= 18 \text{ m}^2 - 3 \text{ m}^2 = 15 \text{ m}^2$$

área da face do tijolo = 5 cm $\times$ 20 cm = 100 cm^2

ou

0,05 m $\times$ 0,20 m = 0,0100 m^2

fazendo área da parede $\div$ área do tijolo = total de tijolos

15 m^2 $\div$ 0,0100 m^2 = 1500 tijolos

Desta mesma forma podemos encontrar o número de pisos, telhas, azulejos. Vale lembrar que os revestimentos como piso e azulejo são vendidos em m^2 e em caixas. Algumas caixas têm 1 m^2; outras, pouco mais. Depende do tamanho do revestimento.

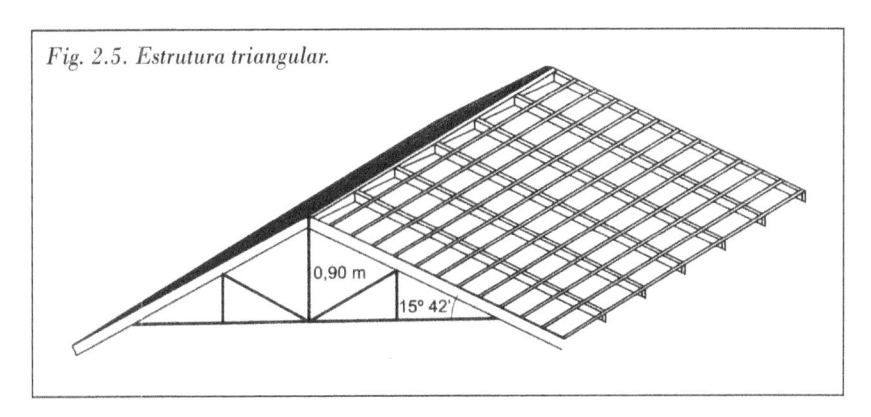
Fig. 2.5. Estrutura triangular.

A forma triangular aparece em diversas estruturas, como portões, telhados, pontes, dentre outras. Em portões ou porteiras feitos de madeira, costuma-se colocar uma tábua – travessa. Isto porque o triângulo é uma figura rígida, ao contrário de quadrados e retângulos que podem mudar de forma, ou seja, os lados não se alteram com a variação do ângulo.

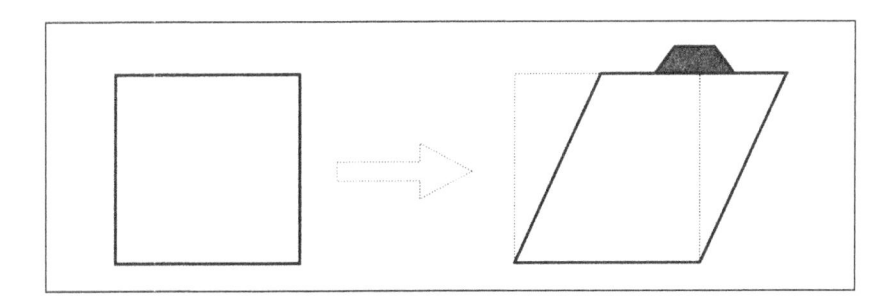

As estruturas triangulares possuem maior resistência aos pesos nelas exercidos.

Como devem ser confeccionadas as tesouras
de suporte ao telhado?
Que tipo de telha é mais conveniente?

Se o telhado tem a forma de um triângulo isósceles, o suporte central dividirá o triângulo em dois outros triângulos retângulos. Nesse caso, se optarmos por telhas do tipo "francesa" ou "paulistinha", temos que fazer armações (tesouras), dependendo do tamanho da casa. Experimentalmente, o caimento das tesouras deve ser de 20%, ou seja, a cada metro da horizontal corresponderá 20 cm do suporte vertical.

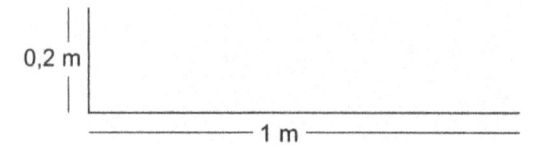

Portanto, se a casa tem 8 m de largura, a metade tem 4 m. Logo o suporte vertical deverá ter 80 cm.

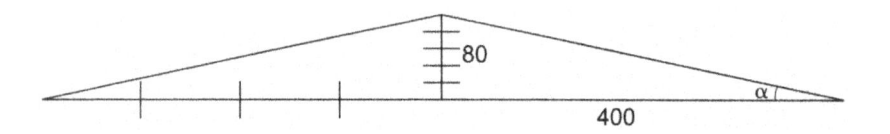

Vejamos:

$$20\% = \frac{20}{100} = \frac{80 \text{ cm}}{400 \text{ cm}} = \frac{\textit{cateto oposto ao ângulo } \alpha}{\textit{cateto adjascente ao ângulo } \alpha} = \textit{tangente do ângulo}$$

Neste exemplo, para encontrar o ângulo de inclinação é só encontrar o arctg 0,20 ou

$$\text{tg}^{-1}(0,20) \cong 11,3°$$

> Nesta atividade você pode apresentar o que for necessário sobre triângulos. Se os alunos são das séries iniciais basta apresentar a figura. Se, por exemplo, estiverem já no final do ensino fundamental, pode apresentar propriedades, semelhança, congruência e relações métricas do triângulo retângulo.

Onde colocar a caixa-d'água?
A que altura deverá estar o telhado para que caiba uma
caixa-d'água de 1000 litros de capacidade?

É conveniente que uma casa tenha um reservatório de água, principalmente se ela estiver localizada onde o abastecimento devido a fatores ambientais, possa ser restrito. Esses reservatórios, em geral na forma de um prisma ou de um cilindro, são feitos de material leve e resistente. Isso permite que sejam colocados sobre a laje da casa, sem causar nenhum dano. Quanto mais alto for colocado, maior será a pressão da água nas torneiras e chuveiros.

Em uma casa que não dispõe de laje, o reservatório pode ser colocado sobre um suporte cuja altura mínima seja correspondente à altura da casa.

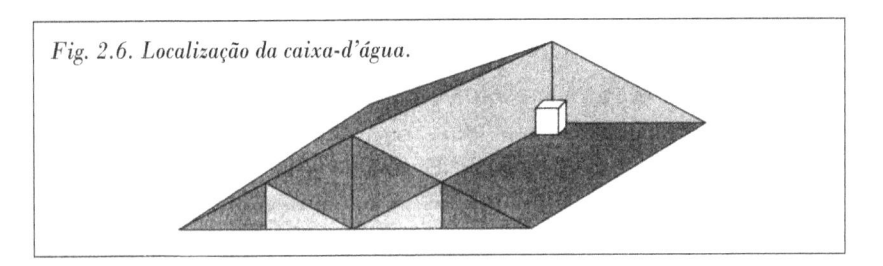

Fig. 2.6. Localização da caixa-d'água.

Supondo que a caixa-d'água tenha a forma de um cubo. Isto implica que a medida é a mesma na largura, comprimento e altura.

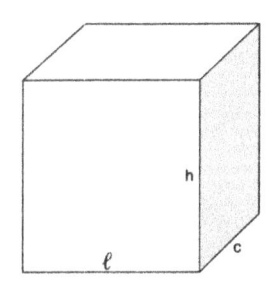

Se a caixa possuir 1 m de cada lado, tem-se: 1 m × 1 m × 1 m = $1^3 m^3$ = 1 m^3. Um cubo de 1 m de aresta tem como volume 1 metro cúbico. A medida de um sólido geométrico denomina-se volume. A unidade padrão de volume é o *metro cúbico* → m^3.

Volume = largura × comprimento × altura

ou ainda

Volume = área da base × altura

$$V = \ell \times c \times h \quad \text{ou} \quad V = A_b \times h$$

Aqui você pode apresentar medidas como volume, capacidade e massa. E, a partir dessas operações, a noção de potenciação.

Para conduzi-los à relação: 1 litro = 1 dm^3, proponha a montagem de uma caixa de isopor com 10 cm de aresta interna (dada a espessura do isopor).

Fazendo a mesma identificação com as demais unidades, pode-se verificar que cada unidade de volume é 1000 vezes maior que a imediata inferior. Para reservatórios de água que têm a forma cilíndrica, o volume é obtido pelo produto entre área da base × altura.

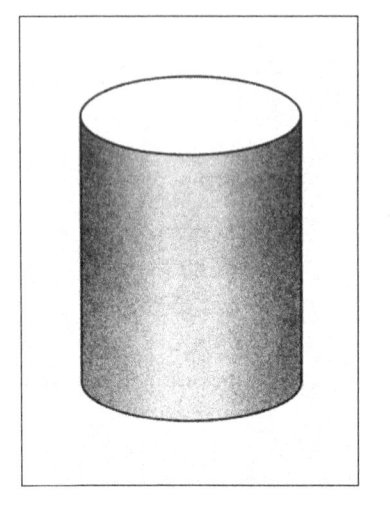

Como a base é um círculo cuja área é πr^2, então:

$$\text{Volume do cilindro} = \pi r^2 \times h$$

A dimensão ideal de um reservatório depende do número de pessoas que morem na casa e também das condições de distribuição de água das comunidades.

A medida de capacidade é o volume interior de um corpo vazio. Se o reservatório tiver 1 m^3 de capacidade, ou seja, o volume interno for de 1 m^3, então a capacidade em água será de 1000 litros.

Qual o local ideal para se colocar um reservatório de água?

No dia a dia usa-se *peso* como sinônimo de *massa*. Há uma diferença, porém, entre os conceitos. *Massa* é toda a matéria que compõe um corpo, e peso é a força de *atração que a Terra* exerce no corpo. Ele pode ser determinado pelo produto entre a massa e a aceleração da gravidade:

$$P = m \times g$$

- A unidade de medida adotada para massa é o quilograma (kg) e para peso o newton (N).
- O instrumento de medida para massa é a balança e para peso, o dinamômetro.

A caixa-d'água, quando colocada sobre a laje da casa, exerce um peso significativo sobre ela. Por isso, deve-se instalá-la em um lugar estratégico, para que não cause problemas à estrutura.

O projeto da casa incluindo a maquete pode ser considerado um *modelo matemático*. Por meio desse modelo podemos fazer um orçamento, uma estimativa do quanto custará para fazer a casa (materiais, mão de obra, impostos etc.), bem como do tempo que pode levar para construí-la.

Os materiais de construção são adquiridos de acordo com uma determinada unidade de medida, como, por exemplo:

- fios, canos, madeira→metro
- pisos e revestimentos→metro quadrado (área)
- areia, terra→metro cúbico
- tinta→litro
- prego→quilograma

Usando uma tabela (se preferir, um programa de computador) podemos dispor de todos os itens necessários e devidas quantidades e preços. Os preços podem ser obtidos em revistas especializadas. Os especialistas (pedreiro, carpinteiro, pintor, dentre outros), em geral, cobram por metro quadrado construído ou tempo necessário para fazer o serviço. Assim, se tivermos o orçamento será possível prever o custo e o tempo para a construção. A tabela feita, previamente, poderá ser facilmente alterada se houver alguma mudança nas quantidades ou preços dos produtos ou serviços.

Quantidade	Material	Unidade	Valor unitário	Valor total
	Tijolos	pç		
	Telhas	pç		
	Pisos	m²		
	Azulejos	m²		
	Cimento	kg		
	Areia	m³		
	....	....		
	mão de obra	m²		
Valor Total				

Nesta etapa pode-se sugerir aos alunos que façam um levantamento de preços de materiais de construção e materiais utilizados na maquete e organizem duas tabelas. Por exemplo:

• uma com o orçamento real dos materiais de construção que seriam gastos numa casa nos padrões projetados (os preços levantados por meio de uma pesquisa ou de tabelas de preços distribuídos pelas lojas como propaganda/ofertas);

• outra, com o orçamento dos materiais gastos na construção da maquete, como isopor, cola, alfinete, cartolina etc.

Para fazer esses orçamentos, o aluno utilizar-se-á de todas as unidades de medidas propostas no decorrer do trabalho e, também, efetuará inúmeros cálculos, envolveu as quatro operações com os números inteiros positivos e racionais na forma decimal e fracionária. Dessa forma, este momento é excelente para avaliar o trabalho!

Vale ressaltar também que os dois orçamentos podem ser considerados modelos matemáticos, uma vez que retratam, sob certa óptica, a quantidade necessária de material para a construção de uma casa ou da maquete projetada.

Dependendo do programa do curso ou disciplina, o orçamento pode ser a primeira etapa do projeto. É uma atividade que abre caminhos para desenvolver os mais diversos assuntos matemáticos. Por exemplo: porcentagem – quando se comparam preços entre diferentes estabelecimentos e entre mão de obra; juros – caso se pretenda financiar a construção; função – analisando o valor das prestações do financiamento ao longo de um período; matrizes e sistemas lineares – quando se dispõe de parte dos materiais necessários *versus* quantidade *versus* preços. As aplicações são muitas! O importante é adaptá-las à forma mais conveniente, para que os alunos se motivem a aprender a Matemática!

Além disso, o aluno deverá concluir a maquete, dando um "toque final" no acabamento, de acordo com sua criatividade e motivação. Depois, o ideal será promover uma exposição na escola não apenas para mostrar o trabalho artesanal – modelo matemático –, mas também para estimular a divulgação, para a comunidade escolar, sobre o que aprenderam a respeito de construção civil.

3. A ARTE DE CONSTRUIR E ANALISAR ORNAMENTOS

Os ornamentos, sinônimos de beleza e harmonia, têm desempenhado um papel especial em nossas vidas desde a Antiguidade. Testemunho disso são as obras arquitetônicas, os ornamentos indígenas, os revestimentos (piso e azulejo), os vitrais de igreja, a composição de tecidos, o artesanato, os adornos dentre outros.

Nesta proposta, apresentamos conceitos de isometria e a arte de construir e analisar ornamentos. A proposta permite desenvolver geometria plana e isometria com um precedente, estimulando a criatividade.

Nos mais variados exemplos da natureza podemos encontrar o fenômeno da isometria: em relação a um *ponto* (centro da isometria) nas flores; em relação a um *eixo* nas folhas de quase todas as plantas e borboletas; e em relação a um *plano* numa laranja cortada ao meio.

3.1.
A GRAMÁTICA DOS ORNAMENTOS

Fig. 3.1. Isometria na natureza.

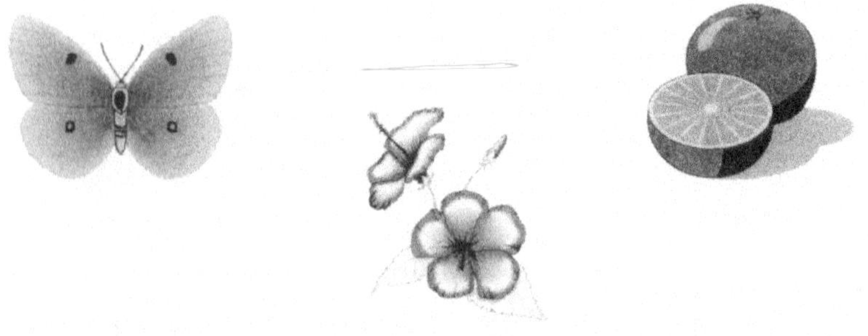

A *isometria* ou *simetria* é um movimento rígido no plano que aplica um ornamento sobre si mesmo. Isto quer dizer que ao efetuar um movimento em uma figura ou elemento gerador sua forma e seu tamanho não variam. A isometria pode ser direta (translação e rotação) ou inversa (reflexão e translação refletida).

Translação é o "deslizamento" da figura sobre uma reta r.

Os pontos da figura percorrem segmentos paralelos. Isto é, dados dois pontos genéricos de uma figura A e B, translação é o movimento T que leva A em A'(T(A) = A') e B em B' (T(B) = B'), de modo que o quadrilátero ABB'A' seja um paralelogramo.

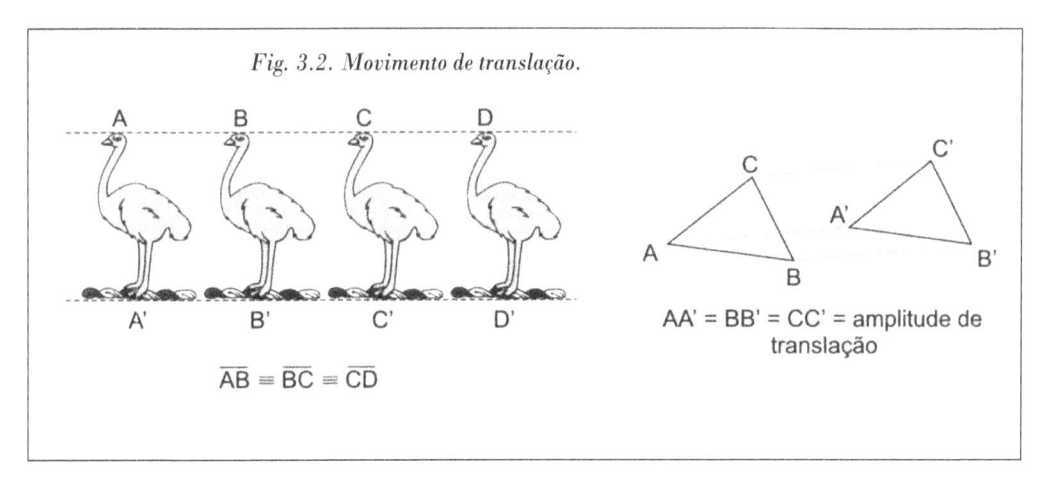

Fig. 3.2. Movimento de translação.

$\overline{AB} \equiv \overline{BC} \equiv \overline{CD}$

AA' = BB' = CC' = amplitude de translação

Rotação é um "giro" da figura em torno de um ponto fixo O (ponto que pode ou não pertencer à figura).

Isto é, para todo ponto P do plano, R(P) é obtido sobre uma circunferência de centro O e raio OP, deslocado de um ângulo ∞.

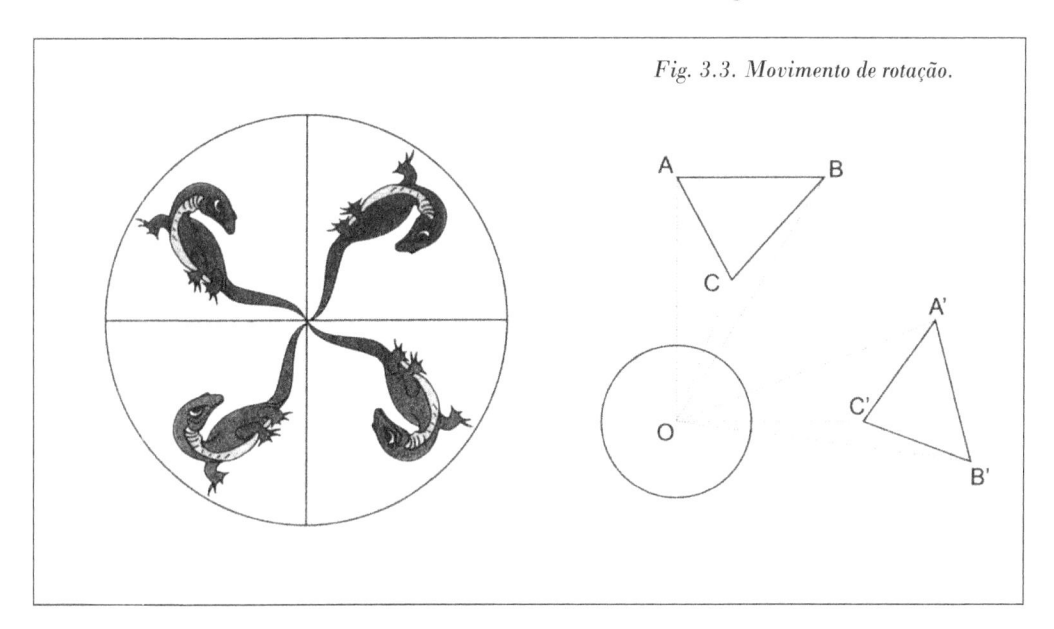

Fig. 3.3. Movimento de rotação.

Reflexão é a transformação (movimento) que conserva a distância de um ponto a um eixo r fixo.

O eixo r pode ou não interceptar a figura. Esse eixo é a mediatriz de cada segmento determinado por um ponto da figura inicial e seu correspondente da figura obtida no final. Tal que, S(A) = A' está sobre a perpendicular a uma reta fixa r (eixo de isometria) e que dista de r o mesmo que A dista de r.

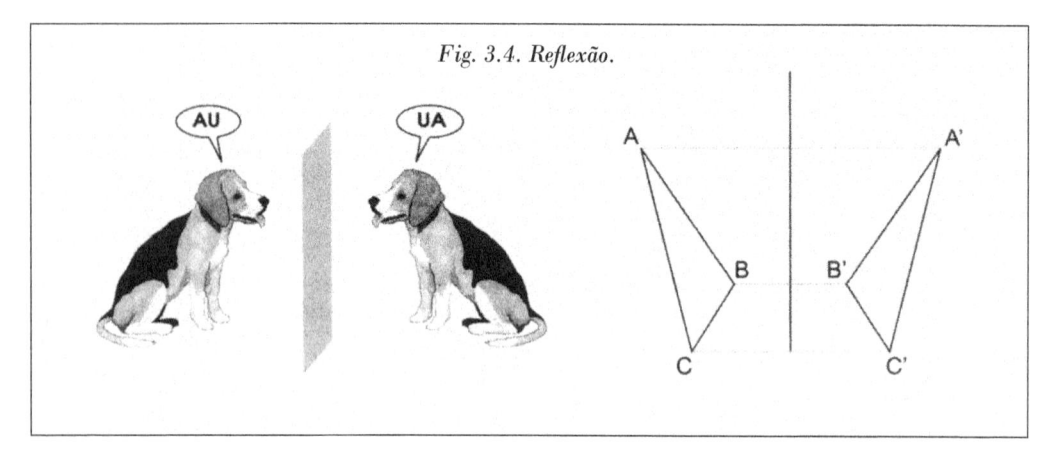

Fig. 3.4. Reflexão.

Translação refletida ou *glissoreflexão* é o movimento que combina dois movimentos: reflexão R, com eixo r, e translação T paralela ao eixo r.

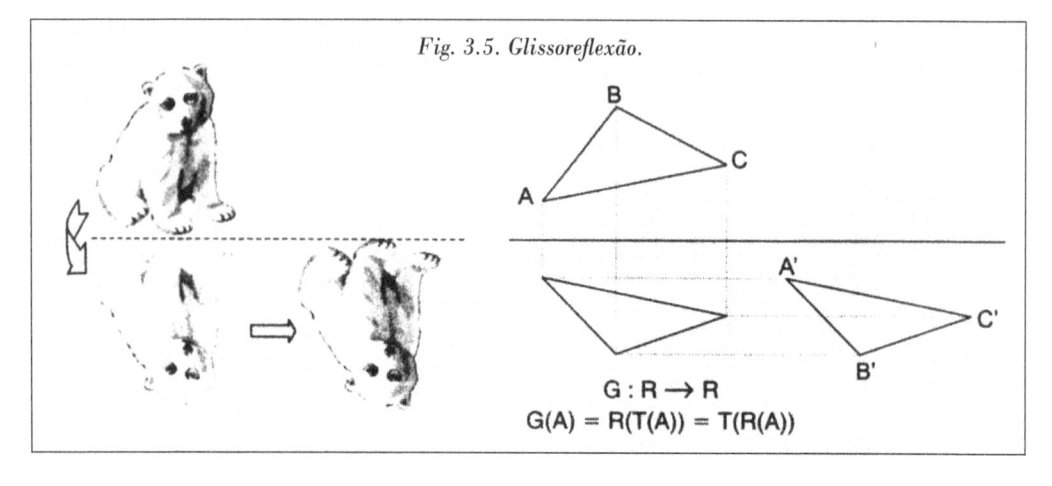

Fig. 3.5. Glissoreflexão.

$$G : R \rightarrow R$$
$$G(A) = R(T(A)) = T(R(A))$$

A gramática dos ornamentos estabelece uma classificação dos grupos de isometria, enfatizando as propriedades matemáticas de translação, rotação, reflexão e translação refletida ou glissoreflexão. Dada uma figura, ou elemento gerador (menor parte de uma forma), aplicando uma ou mais propriedades de isometria, obtemos um motivo ou ornamento.

Na Matemática, consideramos três tipos de ornamentos: faixa, roseta e mosaico.

A *faixa* é um ornamento ilimitado, composto entre duas retas paralelas. A isometria fundamental para sua composição é a *translação*. A combinação com as demais simetrias permite criar sete tipos de faixas.

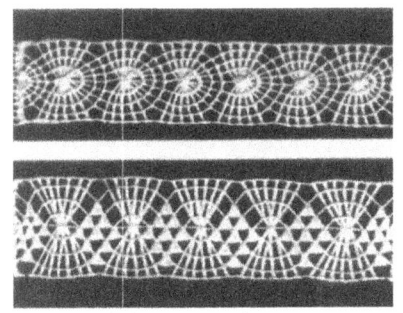

Fig. 3.6. Faixas em crochê.

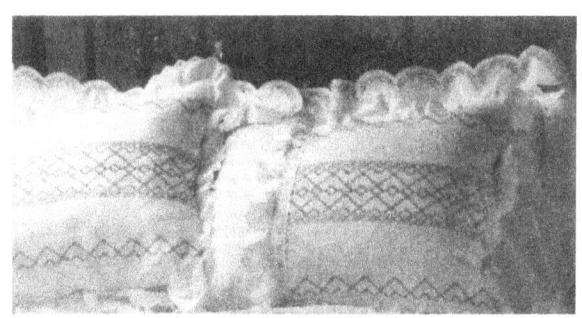

Fig. 3.7. Bordado em fronhas.

Fig. 3.8. Detalhe bordado em toalha.

Fig. 3.9. Faixas em cestas.

A *roseta* é um ornamento limitado, composto em um círculo. A simetria fundamental para sua composição é a *rotação*. Entretanto, é possível fazer um outro tipo de roseta combinando a *rotação* e a *reflexão*.

Fig. 3.10. Vitrais da igreja São Paulo Apóstolo em Blumenau – SC.

Fig. 3.11. Vitrais.

73

Fig. 3.12. Estrela do mar.

Fig. 3.13. Pintura em cerâmica.

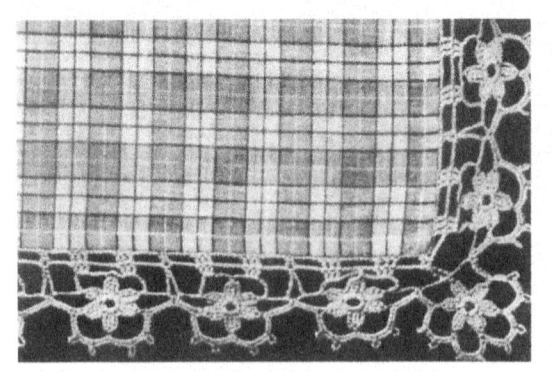

Fig. 3.14. Crochê em toalha de mesa.

Fig. 3.15. Flor de maracujá.

O *mosaico* é um ornamento ilimitado no plano. A simetrida-de fundamental é a *translação* em duas direções. Para compor um mosaico é necessária uma rede. Existem cinco tipos fundamentais de redes: quadrados, retângulos, paralelogramos, triângulos equi-láteros e losangos. Combinando uma ou mais isometrias é possível obter 17 tipos de mosaicos.

Fig. 3.16. Calçada de rua.

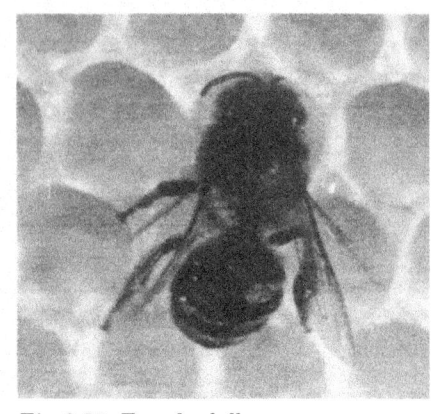

Fig. 3.17. Favo de abelha.

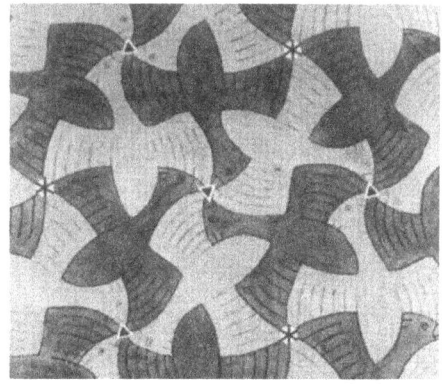

Fig. 3.18. *A arte de M.C. Escher.*   Fig. 3.19. *A arte de M.C. Escher.*

3.2.
COMPONDO ORNAMENTOS

Como compor um ornamento?

Para responder a essa questão, apresentamos quatro atividades.

Atividade 1

Façamos um molde de cartolina de uma figura ou elemento gerador, contornando-o em seguida sobre uma folha de papel.

Se contornarmos o molde entre dois segmentos paralelos, de forma que cada figura mantenha-se à mesma distância, efetuando uma *translação*, obtemos uma faixa, que é um ornamento ilimitado entre *duas retas paralelas*.

Enquanto os alunos vão elaborando uma faixa, você pode desenvolver conceitos intuitivos de geometria plana, paralelismo e perpendicularismo entre retas e alguns axiomas da Geometria. O importante é que cada aluno tenha sua própria figura e possa observar a validade dos conceitos matemáticos, a partir do que ele mesmo irá elaborar.

Você pode propor, também, outras atividades como:

1) fazer faixas usando uma tira de papel: recortando uma tira na forma retangular; dobrando-a como uma "sanfoninha"; recortando-a, em seguida, na forma que julgar conveniente;

2) observar ao redor e verificar onde existem faixas decorativas.

Atividade 2

Usando um molde (pode ser o mesmo utilizado anteriormente), contorne-o, novamente, sobre uma folha de papel.

Fixando o molde em um ponto O vamos girá-lo em um sentido (horário ou anti-horário), contornando-o novamente. Este "giro" é uma *rotação*.

Como um giro completo tem 360°, podemos dividir a circunferência em "n" partes. Por exemplo, dividindo por 4, cada ângulo central terá 90°. Contornando o molde de tal forma que a medida entre um molde e outro seja a mesma, completamos a figura, obtendo uma roseta.

Fig. 3.20. Roseta.

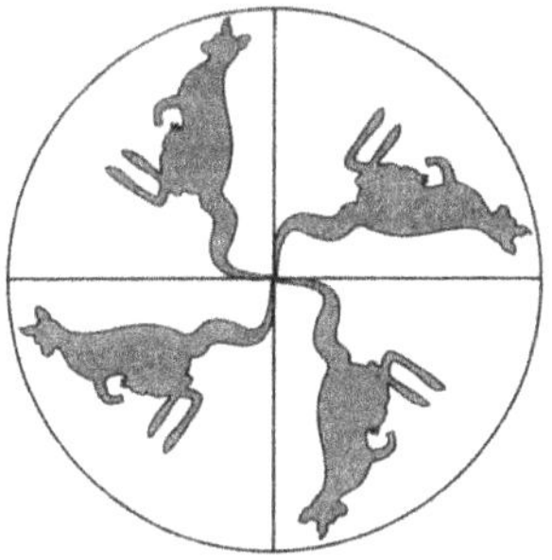

Nesta roseta podemos observar que a figura ou o elemento gerador sofre um movimento de rotação.

Com esta atividade podem ser desenvolvidos os seguintes conceitos: ângulo, circunferência, arcos, relação entre reta e circunferência e entre circunferência, ângulo central e inscrito, dentre outros.

Para ilustrar, você pode propor que façam uma toalhinha rendada, isto é:

⇨ tomar uma folha de papel de forma quadrada,

⇨ dobrá-la na diagonal,

⇨ dobrá-la, novamente, na outra diagonal e efetuando quantas dobras quiserem, recortando-a em seguida.

Esta atividade é muito antiga, dos tempos de nossos avós, porém produz um efeito encantador nos alunos.

Vale a pena, também, levá-los ou pelo menos propor que visitem obras arquitetônicas ou igrejas antigas para observar em vitrais, lustres, enfim os ornamentos existentes. Também, que verifiquem com os familiares artesanatos como crochê, roupas de lã, bordados. É uma maneira de valorizar nossa arte, nossa cultura, nossas obras.

Atividade 3

Uma vez conhecidas as propriedades de isometria aliadas aos conceitos de geometria, passamos a um terceiro ornamento: o mosaico.

Para compor um mosaico, será necessário traçar um quadriculado, denominado rede. A rede pode ter forma de quadrado, retângulo, triângulo, hexágono, trapézio, paralelogramo.

Em seguida, usando um elemento gerador e aplicando uma ou mais propriedades de isometria, preenchemos toda a rede. Quanto maior o número de combinações entre as propriedades, mais complexo o mosaico se torna, sob o ponto de vista matemático.

Para exemplificar vamos traçar uma rede de retângulos.

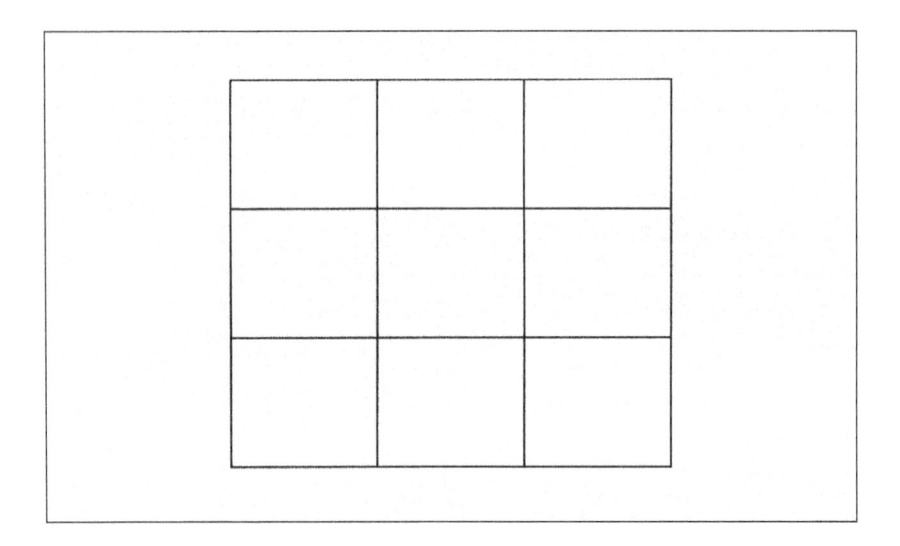

Façamos uma ilustração (elemento gerador) em uma parte de um dos retângulos.

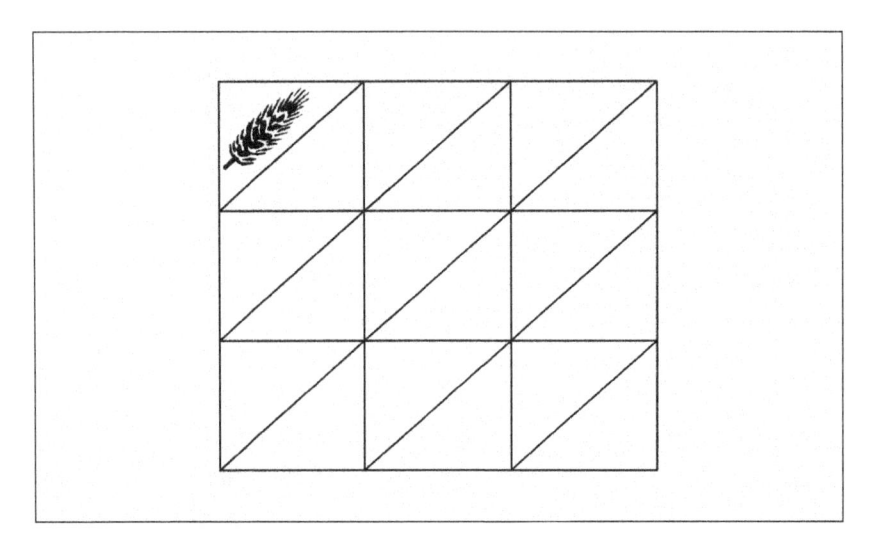

Realizamos um movimento de rotação de 180^0 com o elemento gerador e, em seguida, efetuamos translações por toda a rede.

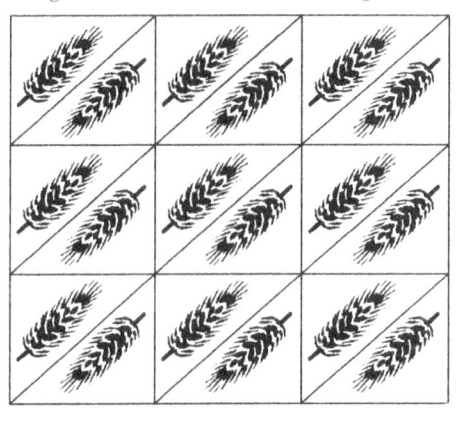

Fig. 3.21. Mosaico em rede de retângulos.

Na elaboração das redes (nas mais diversas formas) você pode desenvolver as propriedades dos polígonos e o seu conceito.

Uma vez construída a rede e discutidos os conceitos geométricos, é importante que cada aluno crie seu mosaico.

Atividade 4

Como fazer ornamentos semelhantes aos de Escher?

Fig.3.22. Escher

Primeiro, vamos desenhar um quadrado de lado a. A área deste quadrado é a^2.

Em seguida, retiramos de um dos lados uma parte qualquer. Se a parte retirada for passada ou transladada para um outro lado do quadrado a área não se altera.

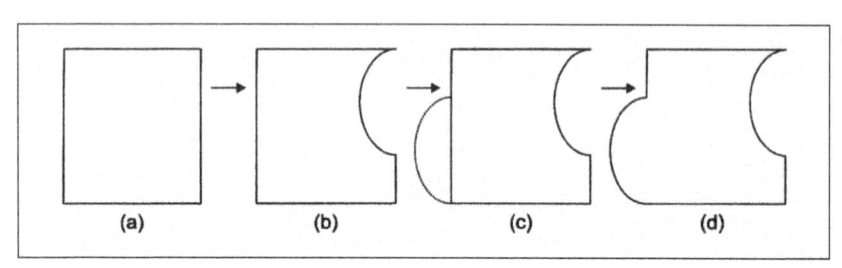

Fig. 3.23.

Na figura, a área do quadrado (a) é igual à área da figura (d).

Agora façamos uma rede de quadrados:

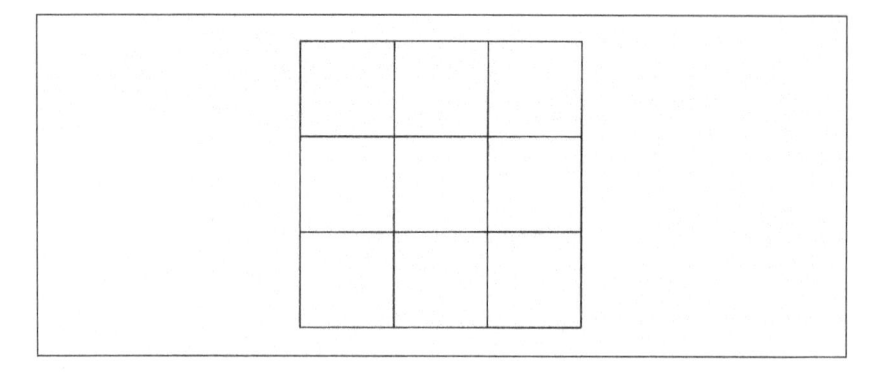

Depois, retiramos partes dos lados de cada quadrado e recolocamos em outra parte da rede. Observemos que as "partes" da figura são permutadas mediante translação ou rotação, dessa forma a área da figura abaixo permanece a mesma da rede acima.

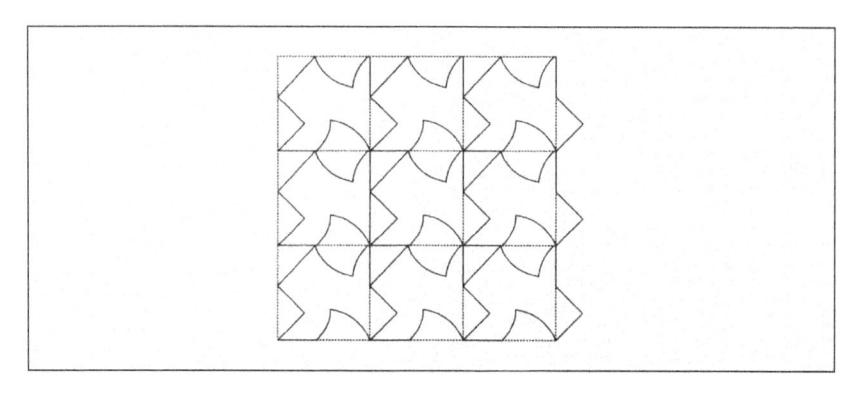

Em seguida façamos ilustrações na figura obtida, compondo assim o mosaico.

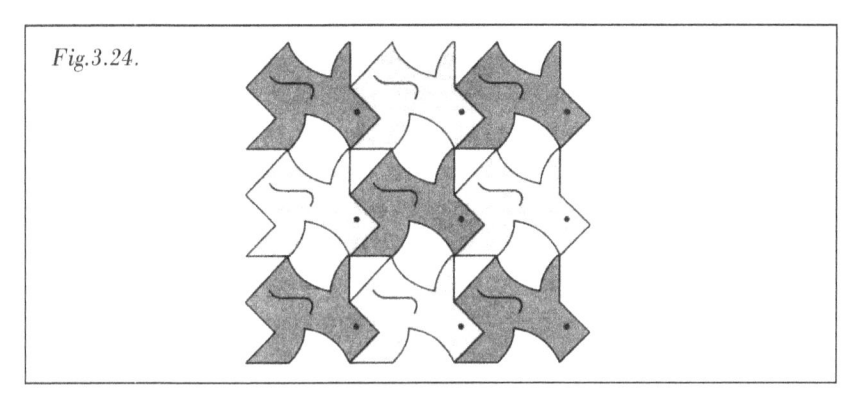

Fig.3.24.

> Proponha aos alunos que façam redes de triângulo ou losango ou paralelogramo ou hexágono e alterem mais que um lado. Com certeza, formas interessantes vão aparecer. Daí, é só deixar a criatividade fluir.

3.3.
ANALISANDO UM ORNAMENTO

Como analisar matematicamente a arte decorativa ou ornamento?

Uma possibilidade de análise para um ornamento é identificar o elemento gerador e, depois, verificar quais as propriedades de isometria utilizadas. Vejamos alguns exemplos de rosetas, faixas e mosaicos:

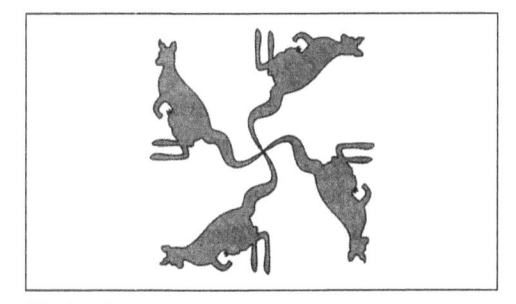

Fig.3.25a.

Fig.3.25b.

Na primeira roseta (fig. 3.25a), o elemento gerador só efetua a operação fundamental da roseta que é a rotação, enquanto que na segunda (fig. 3.25b) há duas operações, reflexão e rotação. Sob o ponto de vista matemático, a segunda roseta é mais complexa ou rica.

Nas faixas a seguir, o elemento gerador da primeira figura (3.26a) além da translação, operação fundamental da faixa, efetua reflexão, rotação de 180° e ainda glissoreflexão (translação refletida). Enquanto na segunda (fig. 3.26b), efetua duas vezes a reflexão (reflexão nos eixos horizontal e vertical).

Fig.3.26a.

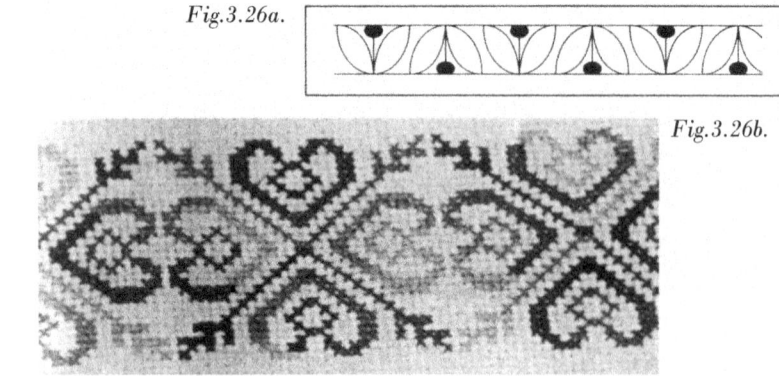

Fig.3.26b.

Observe a seguir dois mosaicos construídos por Escher:

Fig.3.27. Escher.

Esse ornamento de Escher é obtido com a repetição do motivo que compõe cada quadrado da rede (região fundamental) efetuando, em seguida, um movimento de 90°. O quadrado construído depende do ponto 0, arbitrariamente fixado. Observamos que para passar do réptil (escuro) – elemento gerador – para o outro, no mesmo quadrado é necessário um giro de 180°.

Fig.3.28.
Escher.

Esse segundo mosaico é composto de dois motivos que se repetem.

Observamos, por exemplo, que para passar de um pássaro (branco) para o outro no mesmo paralelogramo é necessário um giro de 180°. Logo, o ornamento é constituído das translações não paralelas e das rotações de meia volta. A região fundamental ocupa metade do paralelogramo da rede.

Quanto maior a combinação das propriedades, mais rico ou complexo é o ornamento, sob o ponto de vista matemático.

> Esta atividade pode ser apresentada para alunos do ensino médio ou na disciplina de Álgebra ou teoria de grupos de um curso de Matemática.

A gramática dos ornamentos é um estímulo à observação, à contemplação da natureza e à análise de objetos encontrados à nossa volta (tapetes, tecidos, elementos da natureza, pavimentação de calçadas, ladrilhos, utensílios indígenas...). Baseando-se nos conceitos de ornamentos limitados (rosetas) e ilimitados (faixas e mosaicos) e nas observações feitas, os alunos poderão elaborar e analisar seus ornamentos, estimulando sua criatividade. Esses ornamentos podem ser considerados modelos.

Para saber mais sobre a gramática dos ornamentos ou grupo cristalográfico sugerimos o artigo de Bassanezi e Biembengut (1986) e a obra de Ledergerber-Ruoff (1982) e sobre o ensinar Geometria a partir dos ornamentos, Biembengut, Hein e Silva (1996).

4. Razão áurea

A preocupação com a beleza, física ou do meio não é recente. Já vem dos nossos ancestrais. Acreditamos que desde os tempos primitivos o ser humano tem permanecido em "estado de indagação" sobre a harmonia e a beleza do universo. Na tentativa de justificar o belo, o homem procurou estabelecer uma ordem de comparação entre os objetos que o rodeiam.

Atualmente com sua principal propriedade, a autopropagação, as secções áureas ultrapassaram os limites da arte e da arquitetura, tendo aplicações em diversas áreas do conhecimento. Nesta proposta mostraremos algumas propriedades e aplicações do número de ouro e secções áureas com sugestões para a sala de aula.

4.1.
Padrão áureo de beleza

É possível avaliar a beleza física de uma pessoa por meio de uma fórmula matemática?

A beleza é subjetiva! O que é belo para uma pessoa pode não ser para outra. Porém, é possível mostrar a harmonia de proporções, realizando comparações. No processo de comparação é necessário um critério especial, denominado medida. As medidas são padrões específicos que relacionam cada objeto com outros de "estruturas" semelhantes.

Por exemplo, se tomarmos a medida de uma pessoa (altura) e dividirmos pela medida que vai da linha umbilical até o chão, veremos que a razão é a mesma que da medida do queixo até a testa em relação aos olhos até o mesmo ponto. O mesmo ocorre entre outras partes do corpo.

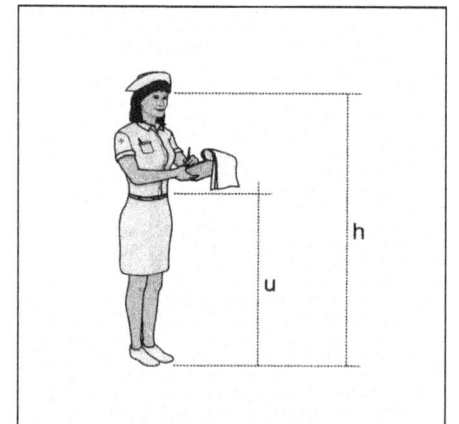

Fig.4.1.

Qual é esta razão?

Façamos um teste tomando as respectivas medidas: altura (ou medida do corpo) e medida da linha umbilical até o chão e, em seguida, fazendo as seguintes divisões: altura (x) pela medida do umbigo ao chão (a) e vice-versa.

Será que somos bonitos? Ou melhor, será que nossas proporções são harmônicas?

> Convide os alunos a verificar "se são bonitos" efetuando as respectivas medidas: altura (x) pela medida do umbigo ao chão (a) $\dfrac{x}{a}$ e vice-versa $\dfrac{a}{x}$, registrando em uma tabela. Você pode sugerir, para facilitar, que se utilize uma casa depois da vírgula, apenas.

4.1.1.
OS NÚMEROS DE OURO E SECÇÃO ÁUREA

Vamos tomar um segmento AB, tal que a med(AB) = x unidade. É como se este segmento fosse, por exemplo, a medida da altura de uma pessoa.

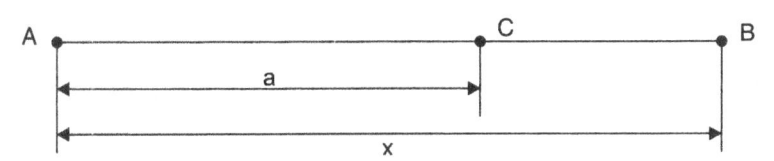

Com um ponto C podemos dividir este segmento em duas partes.

De quantas maneiras podemos dividir este segmento?

Observemos que o ponto C pode ocupar infinitas posições, mas existe uma única posição – posição de ouro – onde este ponto C divide o segmento AB em dois segmentos proporcionais, tal que, o quociente entre as medidas do segmento todo pela parte maior é igual ao quociente entre as medidas da parte maior com a parte menor:

$$\frac{\text{segmento todo}}{\text{parte maior}} = \frac{\text{parte maior}}{\text{parte menor}}$$

No exemplo dado, a posição ouro do ponto C é obtida da seguinte forma:

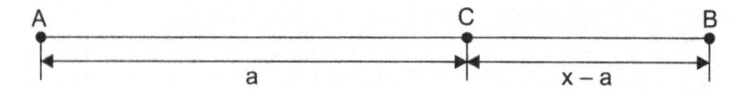

sendo a medida $(AB) = x$, med$(AC) = a$ e med$(CB) = (x - a)$, então:

$$\frac{x}{a} = \frac{a}{x - a}$$

A propriedade fundamental da proporção nos garante que: $x(x - a) = a^2$, aplicando a propriedade distributiva, temos a equação do 2° grau:

$$x^2 - xa - a^2 = 0$$

Resolvendo a equação, temos:

$$x = \frac{a \pm \sqrt{a^2 + 4a^2}}{2} = \frac{a \pm a\sqrt{5}}{2} = a\frac{(1 \pm \sqrt{5})}{2}$$

Por conveniência, desconsideraremos o valor $\dfrac{1 - \sqrt{5}}{2}$ por se tratar de um número negativo.

O numero $\dfrac{1 + \sqrt{5}}{2} = 1,6180399....$ representado pela letra grega Φ (fi) que é um número irracional, denominado número de ouro. Ou seja, $\dfrac{x}{a} = 1,6180399...$ e

$\dfrac{a}{x} = 0,6180399... = \dfrac{1}{\Phi}$, razão inversa do número de ouro.

Como **a** é a medida do segmento maior AC, temos que $a = x(0,618...)$ é denominada secção áurea do segmento AB.

O número de ouro Φ é considerado especial por ter propriedades interessantes, como:

P_1: Somando 1 ao número Φ obtém-se o seu quadrado:

$$\Phi + 1 = \Phi^2$$

$$(1 + 1,618...) = (1,618...)^2 = 2,618...$$

P_2: Subtraindo 1 de Φ, obtém-se o seu inverso

$$\Phi - 1 = \frac{1}{\Phi} \qquad (1,618... - 1) = \frac{1}{\Phi} = (0,618...)$$

Muitas obras da antiga civilização grega como as esculturas de Fhideas, as obras arquitetônicas, o símbolo da escola pitagórica – um pentagrama (V a.C.), a demonstração da beleza do pentagrama por processos geométricos feita por Euclides (III a.C.) mostram que esses mestres da humanidade tinham conhecimento dos números de ouro e secção áurea, muito embora não tenham atribuído esses nomes. Os nomes especiais – número de ouro e secção áurea – só surgiram dois mil anos depois. Tal que o nome PHI (fi) foi atribuído em homenagem ao escultor grego Phideas. Supõe-se que o padre italiano Luca Pacioli (1452-1519) tenha sido o primeiro a descrever essas "divinas leis" em um livro que denominou *Divina proporção*, publicado em 1509. (Biembengut, 1996).

Retomando a questão "será que somos bonitos?", embora as medidas variem de pessoa para pessoa, a experiência tem nos mostrado que a razão ou coeficiente de proporcionalidade que "rege" a beleza é a mesma para a maioria das pessoas, em particular, nos adultos, não importa o sexo, a idade ou a raça. No adolescente em fase de crescimento pode haver alguma alteração.

Conforme pode ser visto no desenho a seguir, podemos encontrar a razão entre medidas de diversas partes do corpo, como medida da altura pela medida do umbigo ao chão; medida do rosto todo pela medida da parte maior (bochecha), dentre outras.

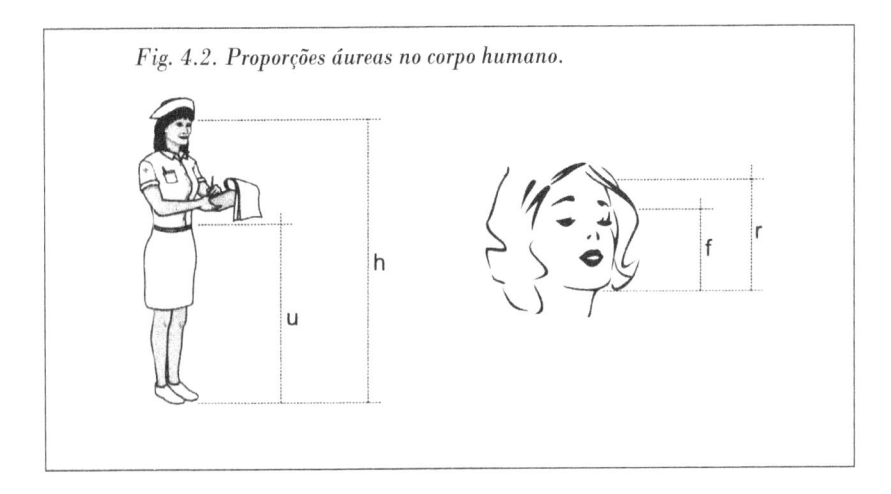

Fig. 4.2. Proporções áureas no corpo humano.

Se os alunos forem das séries iniciais, não é necessário apresentar os números nem a demonstração. Apenas comente sobre essa relação áurea, que representa beleza e harmonia do corpo humano. Por exemplo, se o objetivo for trabalhar com divisão de números decimais, esta atividade permitirá efetuar uma grande quantidade de cálculos. E farão brincando. Se o assunto for sistema de medidas, a tarefa será longa, porém, divertida!

Os números de ouro e a secção áurea podem valer, também, como ponto de partida para introduzir os números irracionais e a equação do 2° grau literal. Qualquer que seja o grau de escolaridade (das séries iniciais à pós-graduação) o que não pode dispensar é medir várias pessoas, usando como *slogan*: você quer verificar se é bonito? Se for medir o rosto, procure utilizar-se de um paquímetro ou instrumento similar.

A "lei da divina proporção" está presente em diversas figuras planas e sólidos geométricos e na natureza.

4.2.
POLÍGONOS DE OURO

Dentre os polígonos de ouro estão o triângulo, o retângulo, o pentágono e o decágono. Vamos conhecer os três primeiros.

Triângulo de ouro ou sublime é isósceles, cuja base tem o segmento áureo em relação ao lado.

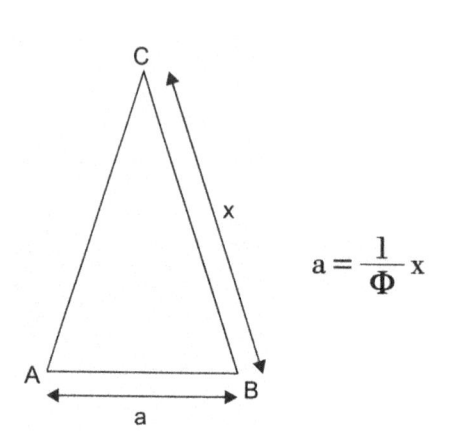

4.2.1.
TRIÂNGULO DE OURO OU SUBLIME

$$a = \frac{1}{\Phi} x$$

Retângulo áureo é tal que um lado é $\frac{1}{\Phi}$ do outro, ou seja: $a = \frac{1}{\Phi} x$. Por exemplo se um lado do retângulo medir 10u o outro deve medir $\frac{1}{\Phi} \times 10u = 6,18...$

4.2.2.
RETÂNGULO ÁUREO

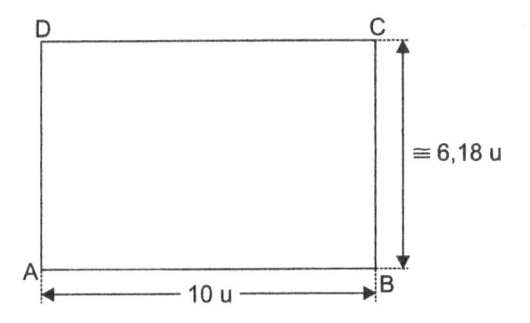

Os retângulos áureos estão nas obras gregas, nas obras de Leonardo da Vinci, Albrescht Dürer, Salvador Dalí, dentre outros. O Partenon é o exemplo mais antigo.

A razão entre a diagonal com o lado é áurea. Ocorre, também, propriedade de autopropagação. Vamos mostrar.

4.2.3.
PENTÁGONO OU PENTAGRAMA

a) Desenhando uma circunferência de raio qualquer e, com um transferidor, dividindo o ângulo central em 5 ângulos com 72° cada;

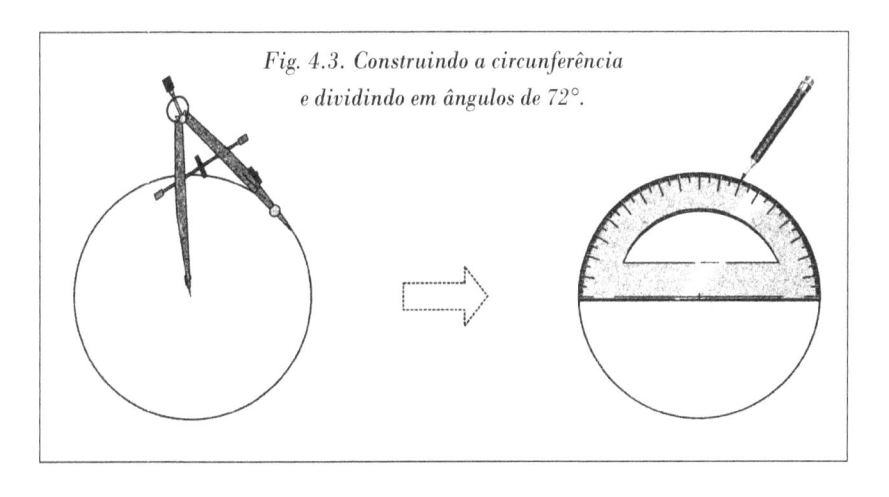

Fig. 4.3. Construindo a circunferência e dividindo em ângulos de 72°.

$$\frac{C}{\ell} = \frac{360°}{5} = 72°$$

C – medida da circunferência
ℓ – número de lados

b) Ligando os pontos ABCDE, obtemos um pentágono regular.

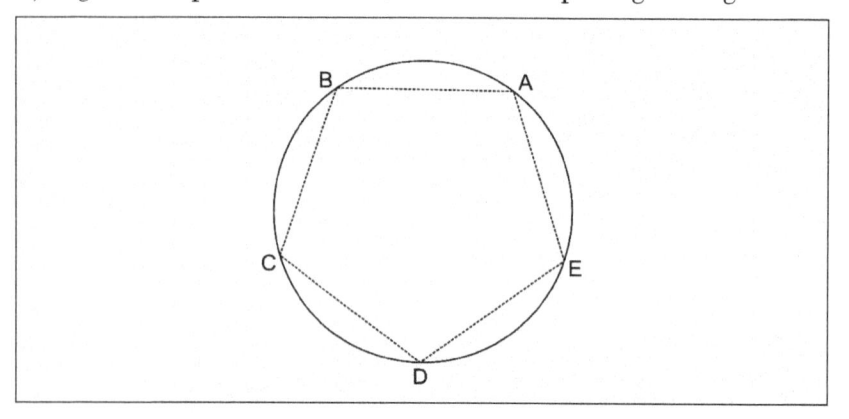

c) A seguir, traçamos as diagonais, formando uma estrela. A estrela era o símbolo da Escola Pitágoras.

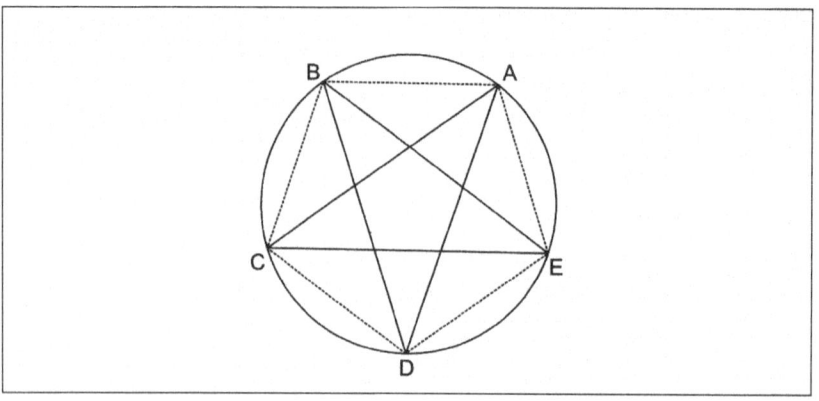

d) Dividindo uma das diagonais d por um lado ℓ:

$$\frac{d}{\ell} = \frac{AC}{AB}$$

e) O triângulo ABC é isósceles e o ângulo $A\hat{B}C = 108°$.

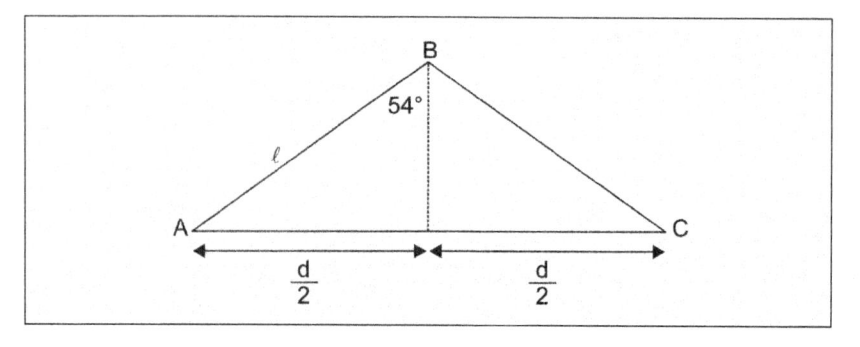

Como o pentágono é regular, encontramos o valor da diagonal fazendo:

$$\operatorname{sen} 54° = \frac{d}{2\ell}$$

$$d = (1,618...)\ell$$

isto é:
$$\frac{d}{\ell} = 1,618... = \Phi$$

A razão entre a diagonal e o lado é o número de ouro.

> Nesta atividade podem ser desenvolvidas propriedades do polígono e relações métricas do triângulo retângulo. Seria mais interessante que pudessem verificar algumas propriedades desenhando as figuras geométricas com régua e compasso.
>
> Por exemplo, prolongando os lados de um pentagrama determinam outra estrela, por sua vez, outro pentágono: é a propriedade da autopropagação.

Na natureza, encontramos frequentemente a forma de espiral, por exemplo: o arranjo das sementes em girassóis, a casca do abacaxi, as escamas nas pinhas das coníferas, a concha de molusco.

4.3.
A ESPIRAL LOGARÍTMICA

Façamos uma espiral logarítmica com régua e compasso:

a) Usando régua e compasso, façamos um retângulo áureo ABCD, marcamos um ponto E em AB, tal que BE ≡ BC;

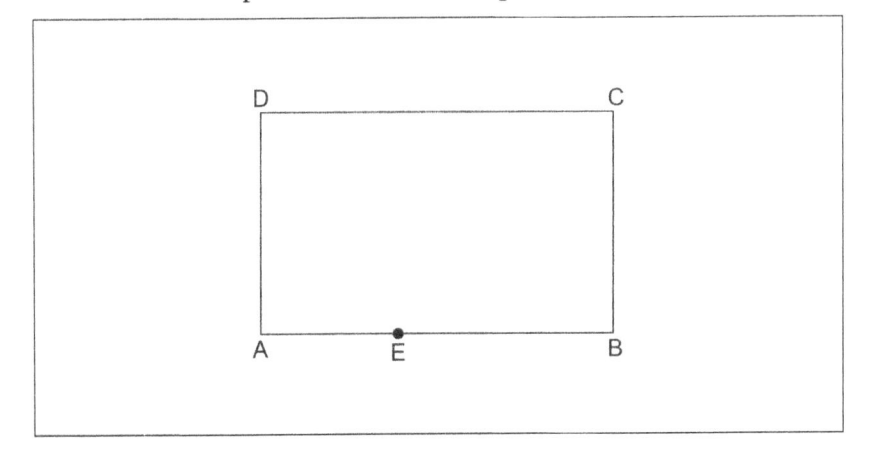

b) Traçando uma perpendicular EF em AB.

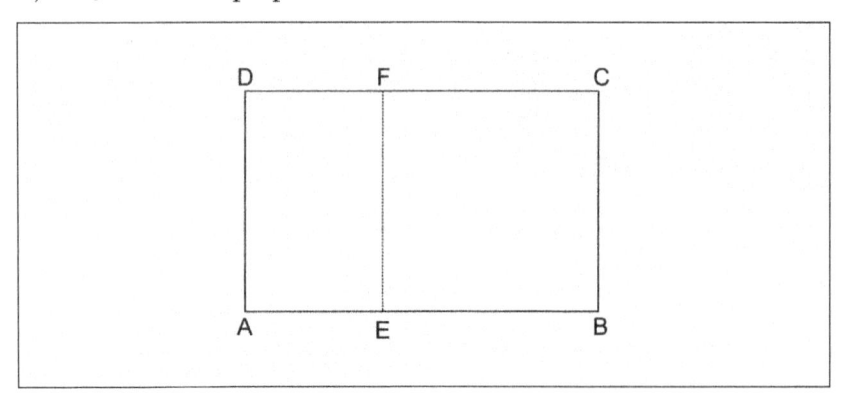

c) Com centro em E, façamos o arco BF.

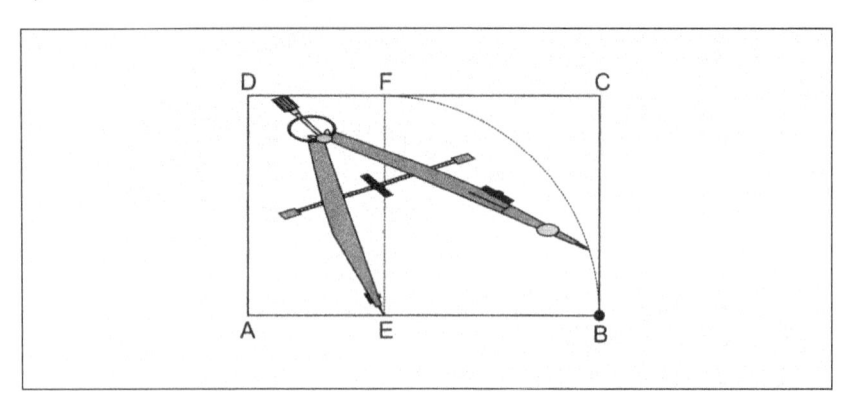

d) O retângulo ADEF é áureo, neste caso, vamos repetir o processo centrando a ponta-seca do compasso em D, raio DF marcando um ponto G em AD.

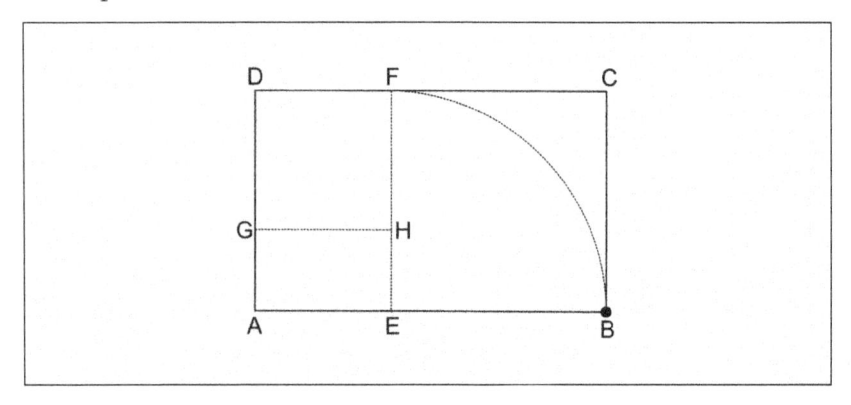

e) Com raio HF e centro em H, traçamos o arco GF.

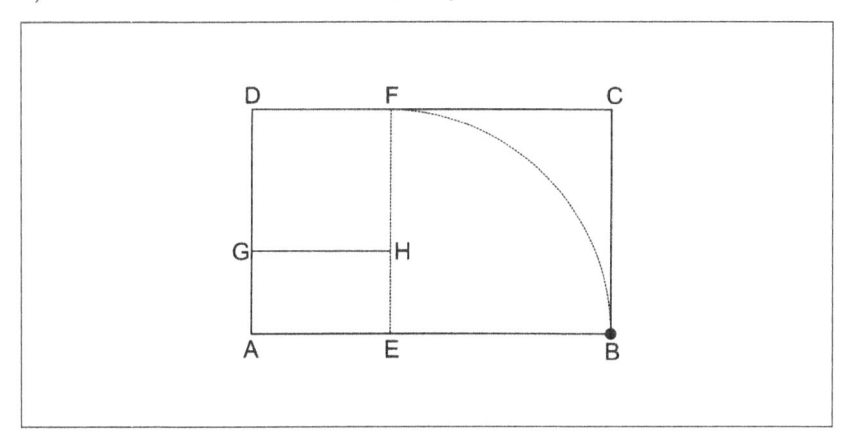

f) O retângulo AEGH é áureo. Repetindo o processo obtemos a espiral logarítmica:

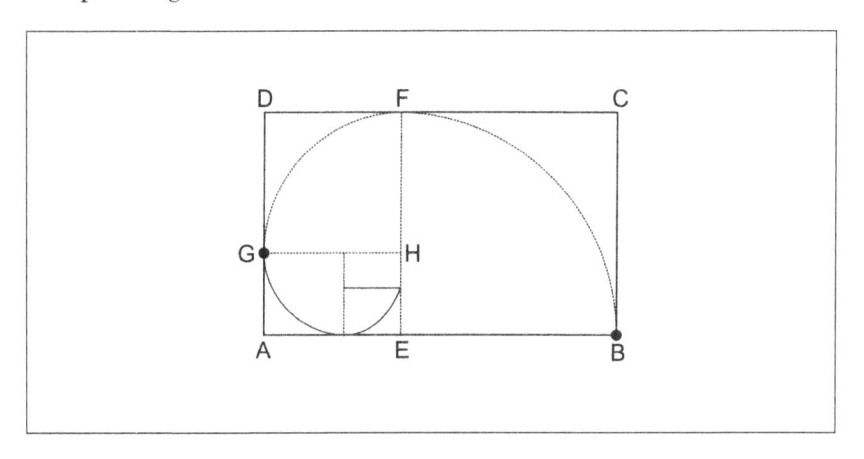

Proponha aos alunos que tracem as diagonais de cada retângulo áureo gerado. A intersecção é o centro da espiral. O raio da espiral é um segmento que vai do centro O da espiral a qualquer ponto P desta. Alunos do ensino médio ou graduação podem fazer uma pesquisa sobre a sequência de Fibonacci. A sequência de Fibonacci também é encontrada na formação das folhas nos galhos, nas sementes dos girassóis etc.

Agora, vamos analisar as medidas de cada segmento áureo dos retângulos que foram emergindo:

- considerando a medida do lado $\overline{AB} = 1$, logo a medida do lado consecutivo $\overline{BC} = \dfrac{1}{\Phi}$

- ao dividirmos o retângulo, obtemos um quadrado e outro retângulo, cujo lado é $\dfrac{1}{\Phi^2}$

- como cada lado emergido é áureo temos a sequência dos lados, dado por:

$\left\{ 1, \dfrac{1}{\Phi}, \dfrac{1}{\Phi^2}, \dfrac{1}{\Phi^3}, ..., \dfrac{1}{\Phi^{n-1}} \right\}$. Esta sequência é denominada geométrica.

O termo geral da sequência geométrica ou progressão geométrica é $a_n = \dfrac{1}{\Phi^{n-1}}$

Se somarmos cada termo, vem:

$$S_n = 1 + \dfrac{1}{\Phi} + \dfrac{1}{\Phi^2} + ... + \dfrac{1}{\Phi^{n-1}} = \quad (1)$$

Vamos multiplicar a razão $q = \dfrac{1}{\Phi}$ em ambos os membros, logo:

$$\dfrac{1}{\Phi} \times S_n = \dfrac{1}{\Phi} + \dfrac{1}{\Phi^2} + ... + \dfrac{1}{\Phi^n} = \quad (2)$$

Subtraindo (1) de (2), temos: $S_n - \dfrac{1}{\Phi} S_n = \left(1 - \dfrac{1}{\Phi^n} \right) \quad (3)$

Colocando S_n em evidência: $S_n \left(1 - \dfrac{1}{\Phi} \right) = \left(1 - \dfrac{1}{\Phi^n} \right) \quad (4)$

Dividindo ambos os membros de (4) por $\left(1 - \dfrac{1}{\Phi} \right)$ obtemos

$$S_n = \dfrac{\left(1 - \dfrac{1}{\Phi^n} \right)}{\left(1 - \dfrac{1}{\Phi} \right)} =$$

quando n quando n fica "muito grande" (tende para infinito) $\dfrac{1}{\Phi^n}$

fica muito pequeno (tende para zero), logo S_n tende a

$$\frac{1}{1-\dfrac{1}{\Phi}} = \frac{\Phi}{\Phi-1} = \Phi^2$$

$\Phi - 1 = \dfrac{1}{\Phi}$, (vide propriedade P_2) pois $S_n \to \Phi^2$ quando n $\to \infty$

As relações áureas também estão presentes quando analisamos a configuração de animais e plantas. Quando procuramos atentamente podemos encontrá-la em toda parte.

É dito que onde houver "harmonia" lá encontraremos o número de ouro. Este número Φ é indicado como a máxima expressão da harmonia e equilíbrio. A razão entre medidas que determinam o número Φ pode ser vista como o modelo, que exprime beleza e harmonia. Afinal, a beleza e a harmonia, seja física ou espiritual, não são essenciais na vida de todo ser humano? (Biembengut, 1996).

5. Abelhas

As abelhas têm nos dado uma lição sobre organização comunitária, comunicação e engenharia. As "operárias" vivendo menos que sessenta dias fazem sua moradia, favo, sua alimentação, mel e proporciona à "rainha" uma vida de até cinco anos, por ser esta a mais importante: pela reprodução e orientação da colmeia.

Na proposta a seguir, apresentamos o dispêndio de energia da abelha na busca do alimento, sua forma de comunicação, chamada a dança do requebrado e a dinâmica populacional de uma colmeia a partir de uma hipótese: as taxas de mortalidade e natalidade são lineares. Estas três propostas permitem desenvolver regra de três, relações métricas do triângulo retângulo, coordenadas retangulares e polares e progressão aritmética. Como uma progressão é uma função, cujo domínio são os números naturais, pode ser adaptada para desenvolver função, em particular do 1º grau. A proposta pode ser adaptada para qualquer grau de escolaridade. Mais do que tudo, conhecer um pouco sobre as abelhas leva-nos cada vez mais a respeitar a natureza.

5.1. A COLETA DE ALIMENTOS

Uma abelha campeira voa, aproximadamente, 24 quilômetros por hora, consumindo para isso cerca de 0,5 mg de mel por quilômetro. Para colocar uma única carga de néctar, capaz de encher o estômago, uma única abelha chega a visitar de 50 a 100 flores. Ao fornecer um litro de mel uma colônia tem que voar nada menos que 40 mil quilômetros, ou seja, a distância aproximada de uma volta ao redor da Terra, isso tudo numa área que não ultrapassa 707 hectares, num raio de 1,5 km ao redor da colmeia. No vaivém dessas viagens elas coletam os ingredientes para compor o mel, ou seja, o néctar, suco adocicado das flores, o pólen e a água.

Qual a quantidade de mel que uma colônia necessita consumir para buscar ingredientes para 1 litro de mel?
Quantas viagens deverão fazer da florada a colmeia para obter 1 litro de mel?

Em uma hora, deve consumir:

$$0,5 \text{ mg} \rightarrow 1 \text{ km}$$
$$x \rightarrow 24 \text{ km}$$
$$x = 12 \text{ mg}$$

Para voar a abelha consome 0,5 mg de mel por quilômetro. Se em um litro de mel a colônia precisa percorrer 40.000 km, logo:

$$0,5 \text{ mg} \rightarrow 1 \text{ km}$$
$$x \rightarrow 40.000 \text{ km}$$

Fazendo uma regra de três, obtemos que o consumo médio da colônia é de 20.000 mg ou 20 g de mel para cada órbita.

Supondo que o raio entre a colmeia e a florada seja 1,5 km, fazendo:

40.000 km ÷ 1,5 km ≅ 26.670 idas e vindas entre colmeia e florada.

As informações apresentadas permitem muitos exemplos fazendo uso da aritmética enquanto tomamos ciência do esforço físico de uma abelha para fazer o seu alimento que também usufruímos.

Uma abelha pode lembrar-se da rota de voo a partir da posição do sol no céu, do odor e da cor das flores. É capaz, também, de retornar à mesma fonte de alimento, no mesmo horário, do dia seguinte. O pesquisador Von Frisch foi quem descobriu a forma de

5.2.
A DANÇA DAS ABELHAS

comunicação das abelhas, ou seja, quando encontra uma boa fonte de néctar e pólen retorna para informar às demais a posição e o odor das flores. Ela toma como referência a posição do sol, isto é, o ângulo entre sua própria rota de voo e uma linha horizontal da colmeia, na direção do sol.

Sua forma de comunicação é denominada a "dança do requebrado". Quando as flores estão a menos de 100 metros de distância da colmeia, a dança é circular (fig. 5.1a). Se o alimento está a mais de 100 metros, a abelha corre para frente por uma pequena distância, retomando ao ponto inicial por um semicírculo, e volta descrevendo um outro semicírculo na direção oposta, dando uma ideia de oito (fig. 5.1b). Se a dança é feita a 30° à direita da vertical (fig. 5.lc) significa que o alimento está a 30° à direita do sol (Batschelet, 1978).

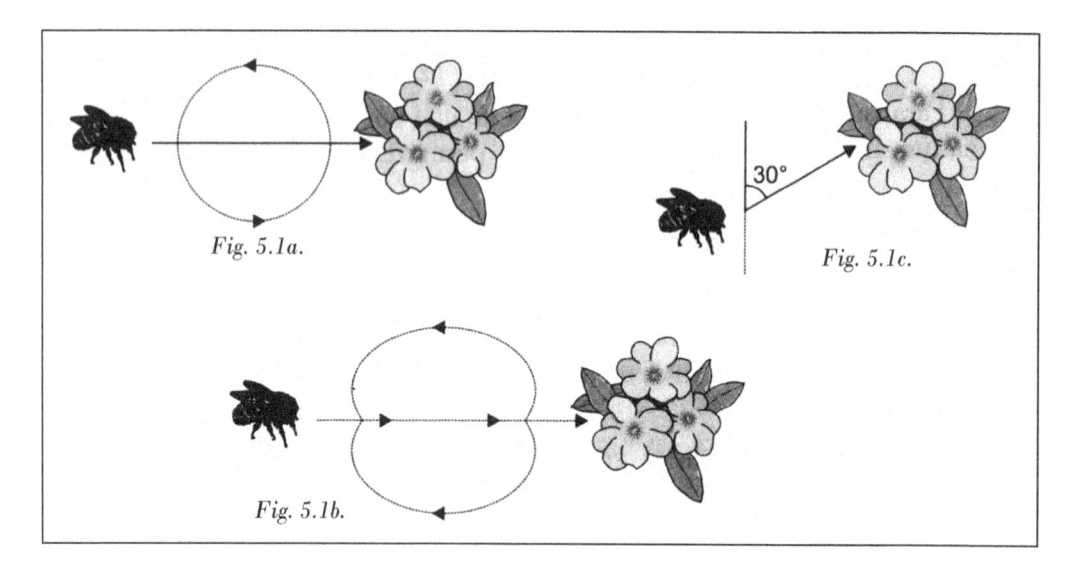

Fig. 5.1a.

Fig. 5.1c.

Fig. 5.1b.

Ao dançar na colmeia, outras abelhas podem aprender a posição e o odor das flores, embora não apreenda sua cor e sua forma. O número de vezes por segundo que a abelha perfaz o circuito "dançando" indica a distância da florada em relação a colmeia. Crane (1983) apresenta a duração de cada circuito da dança *versus* a distância:

Distância (m)	200	500	1000	2000	3500	4500
Duração do circuito (s)	2,1	2,5	3,3	3,8	5,6	6,3

Como podemos localizar uma florada a partir da dança da abelha?

Para calcular a distância da florada da colmeia, devemos proceder de duas maneiras: aproximando os dados da tabela a uma função de 1° grau e depois por meio de coordenadas polares.

• **Resolução 1:** "Aproximando" dados da tabela a uma função do 1° grau.

Usando os dados de Crane, vamos, inicialmente, representá-los em um sistema cartesiano e, posteriormente, encontrar uma equação de reta que melhor se aproxima dos pontos:

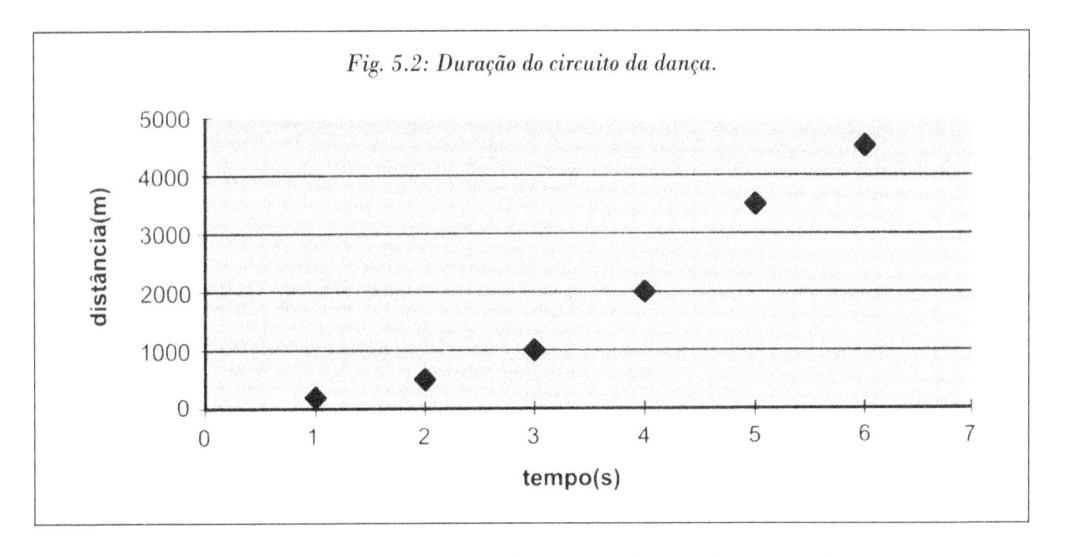

Fig. 5.2: Duração do circuito da dança.

Em geral, a "distância da florada depende da duração do circuito da dança", ou seja, para saber a distância verifica-se o número de vezes que a abelha faz o circuito por segundo.

Embora os dados "aparentemente" descrevam uma curva, vamos escolher dois pontos da tabela, por exemplo o 2º e o 5º, e encontrar a equação da reta que os contém. Chamando de P_2 o par ordenado (5,5; 500) e P_2 o par ordenado (5,6; 3500). Substituindo-os na expressão abaixo:

$$y = ax + b^{(1)}$$

onde y representa a distância em metros; x, o número de vezes do circuito em segundos; e a e b, os coeficientes angular e linear a serem determinados.

$$500 = a(2,5) + b$$
$$3500 = a(5,6) + b$$

Resolvendo o sistema linear encontramos os seguintes valores: a $\cong$ 967,74 e b $\cong$ – 1919,35. Substituindo na expressão (1) temos a função empírica:

$$y = 967,74\ x - 1919,35$$

para x > 2,1

A expressão dada permite saber a distância aproximada da florada a partir do número de vezes que a abelha faz o circuito em sua "dança do requebrado" por unidade de tempo. Por exemplo, se a abelha efetuar 3 voltas ou circuitos/segundos:

$$y = 967,74\ (3) - 1919,35$$

logo, a florada está a cerca de 983,87 metros.

- **Resolução 2**: Usando coordenadas polares

Se fonte de alimento, por exemplo, estiver a 983,87 m da colmeia e formando um ângulo de 60° no sentido horário em relação à direção do sol nascente (leste) podemos encontrar a distância em que a florada está da colmeia em relação aos pontos cardeais.

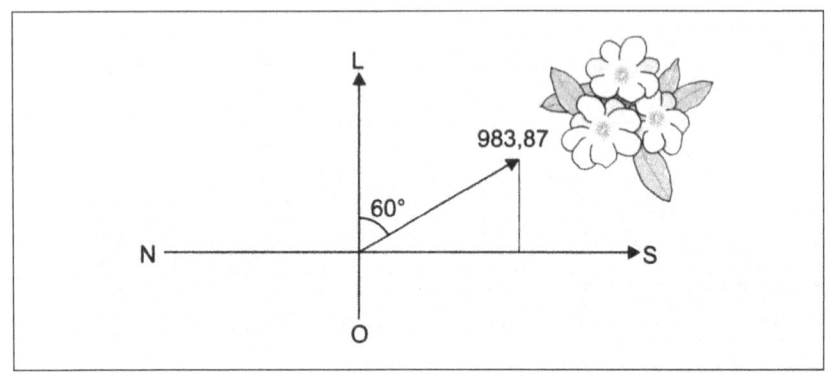

Fig. 5.3

As abelhas não usam coordenadas retangulares para comunicar a posição da fonte de alimentos. As coordenadas polares têm um papel importante no comportamento animal, principalmente na orientação de aves e peixes.

P: (x, y) coordenadas retangulares

P: (r, θ) coordenadas polares;

onde $r = \sqrt{x^2+y^2}$ (distância polar) e $\dfrac{x}{y}$ (ângulo polar)

> Esta proposta permite apresentar função do 1º grau, equação da reta, sistemas lineares, relações métricas do triângulo retângulo e relação entre coordenada polar e retangular. Em geral, esses tópicos matemáticos são apresentados em momentos diferentes, colaborando para que o aluno não perceba a relação entre eles. Além disso, no ensino médio, geralmente, a representação gráfica de uma função cíclica somente é demonstrada por coordenadas retangulares. Algumas funções cíclicas, porém, têm gráficos "ornamentais" em coordenadas polares.

Temos que a hipotenusa do triângulo retângulo (distância da colmeia à florada) é 983,87 m. E o ângulo em relação ao eixo x (que aponta para o sul) é 30°.

Assim temos que:

$$\text{sen } \theta = \frac{y}{r} \Rightarrow \text{sen } 30° = \frac{y}{983,87} \cong 491,93 \text{ m}$$

$$\cos \theta = \frac{x}{r} \Rightarrow \cos 30° = \frac{y}{983,87} \cong 852,05 \text{ m}$$

Em coordenadas retangulares podemos dizer que a fonte de alimento está, aproximadamente, a 491,93 m para leste e 852,05 m para o sul, em relação à colmeia.

5.3.
DINÂMICA
POPULACIONAL

Uma colmeia em plena produção chega a ter entre 60 a 80 mil operárias, 400 zangões e uma rainha. O tempo de vida depende da abundância de alimento, do clima e do período de atividade.

- As operárias são estéreis e no período de vida entre 38 e 42 dias têm como tarefas: a limpeza do favo – faxineira; a alimentação das larvas e da rainha – nutris; a feitura do favo – engenheira; e a coleta e feitura do mel e da geleia real – campeira.

- Os zangões podem viver até oitenta dias. Sua função é "cruzar" com a rainha, quando há o voo nupcial de uma rainha, que em geral, ocorre uma única vez.

- A rainha vive até cinco anos. Suas tarefas são o comando da colmeia e a reprodução. A capacidade de postura de uma rainha vai até 3 mil ovos por dia. Em caso de morte ou envelhecimento da rainha, as abelhas selecionam algumas larvas para se tornarem rainha, alimentando-as com geleia real. O período larval de uma abelha operária é 21 dias e da rainha de 15 a 16 dias. A partir do segundo ano de vida, a rainha diminui a postura de ovos, o que é percebido pelas nutrizes que passam então a preparar uma "nova" rainha. A "nova" rainha, com nove dias está pronta para o voo nupcial em que é fecundada por alguns zangões (cerca de 8 a 10). Uma vez fecundada, retorna à colmeia, expulsando a "velha" rainha. A "velha" rainha sai e leva consigo entre 8 a 12 mil operárias: é o enxame voador. A natureza mostra que este enxame voador forma uma nova colmeia.

Em quanto tempo o "enxame voador"
vai formar uma "nova" colmeia?

Para responder à questão, vamos fixar alguns valores relativos ao processo de nascimento e morte das abelhas, como, por exemplo:

- número de abelhas numa família nova: 10.000 abelhas
- postura média de uma rainha: 2.000 ovos/dia
- longevidade das operárias: 40 dias
- período entre postura e nascimento: 21 dias

Sabemos que uma colmeia necessita de faxineira para limpar os favos, nutris para alimentar larvas e rainha, engenheira para fazer o favo e campestre para buscar o alimento. E mais, as abelhas mais velhas fazem o trabalho das mais novas. Isto é, uma campestre pode fazer o trabalho das demais. Como não dispomos de informações quanto à idade dessas operárias do enxame voador e, considerando que as novas operárias só passarão a nascer a partir do 21º dia (período larval é 21 dias), vamos procurar responder à questão por meio da seguinte hipótese:

> **"As abelhas têm idades equidistribuídas"**

Como essas 10.000 abelhas podem ter idades entre O e 40 dias, a taxa média diária de mortalidade é $\dfrac{10000}{40} = 250$

Sendo que o período da postura ao nascimento é de 21 dias, teremos nos primeiros 20 dias uma diminuição da população.

Chamando de P(O) o momento inicial da "nova família", ou momento em que se alojam, obtemos:

$$
\begin{aligned}
P(0) &= 10.000 \\
P(1) &= 10.000 - 250 &= 9.750 \\
P(2) &= 10.000 - 2(250) &= 9.500 \\
\cdots\ \ \cdots\ \ \cdots\ \ \cdots \\
P(20) &= 10.000 - 20(250) = 5.000
\end{aligned}
$$

(população do dia seguinte)

Este conjunto disposto numa certa ordem: 10.000, 9.750, 9.500, ... 5250,5000 é chamado de *sequência* ou *sucessão*.

No exemplo, podemos chegar a uma fórmula geral, ou seja, para um dia t qualquer, temos:

$P(t) = 10.000 - t(250)^{(1)}$ ou

$P(t) = -250t + 10.000, \quad \text{com } O \leqslant t \leqslant 21$

Analisando a sequência dada, temos que a diferença entre um termo e seu sucessor é sempre constante. Este é um exemplo de uma *sequência aritmética* ou *progressão aritmética*.

Chamando a população inicial (10.000) de a_1, a taxa de mortalidade (−250) de r e o tempo t de $(n-1)$ e substituindo na expressão (1), obtemos:

$$a_n = a_1 + (n-1) \times r \qquad \text{termo geral de uma progressão aritmética.}$$

Dando continuidade, temos que a partir do 21º dia passam a nascer 2.000 operárias. Assim:

$P(20) = 5.000$ (população no 20º dia)
$P(21) = (5.000 - 250 + 2.000) = 5.000 + (1)1.750 = 6.750$
(população anterior menos as que morrem mais as que nascem)
$P(22) = (6.750 - 250 + 2.000) = 5.000 + (2) \, 1.750 = 8.500$
$P(23) = (8.500 - 250 + 2.000) = 5.000 + (3) \, 1.750$

....

$P(t) = 5.000 + (t - 20) \, 1.750$ ou
$P(t) = 1.750t - 30.000$, para $21 \leqslant t < 41$

Considerando para efeito didático que no 40º dia desapareceram as operárias do enxame voador inicial e as operárias que nasceram no 21º dia estão em sua "plena juventude" e, portanto, nos próximos 20 dias não haverá mortes, logo:

$P(40) = 40.000$
$P(41) = 40.000 + 1 \, (2.000)$
$P(42) = 40.000 + 2 \, (2.000)$
$P(43) = 40.000 + 3 \, (2.000)$

....

$P(t) = 40.000 + (t - 40) \, 2.000 \qquad$ ou
$P(t) = 2.000 \, t - 40.000, \qquad\qquad$ para $41 \leqslant t \leqslant 60$

A partir do 61º dia passam a morrer as operárias que nasceram a partir do 21º dia enquanto continuam nascendo 2.000. Isto é:

P(60) = 80.000

P(61) = 80.000 – 2.000 + 2.000 = 80.000

P(62) = 80.000 – 2.000 + 2.000 = 80.000 ou seja, para t ⩾ 60

P(t) = 80.000

Neste exemplo das abelhas, a função ou sequência está subdividida em quatro momentos: primeiros 20 dias, entre 21º e o 40º dia, entre o 41º e o 60º dia e a partir do 60º dia. Vamos analisar:

☞ Nos primeiros 20 dias a população diminui na razão de 250 por dia. Isto é, a taxa média de mortalidade é 250. Por se tratar de mortalidade, a taxa é negativa e, portanto, a função ou sequência é decrescente.

☞ Entre o 21º dia e o 41º dia continuam morrendo abelhas na mesma taxa de mortalidade (250 abelhas/dia), porém nascem 2000 abelhas/dia, resultando em uma taxa de sobrevivência de 1750 abelhas/dia, portanto, positiva. Nestes termos, a população começa a crescer, isto leva a dizer que a função ou a sequência é crescente.

☞ No período entre o 41º e o 60º dia não há mortes, só nascimentos. Assim, a população aumenta, nesse período, mais rapidamente que no período anterior, na razão de 2.000 abelhas/dia. Disto resulta na função ou sequência, também, crescente.

☞ A partir do 61º dia passam a morrer 2.000 abelhas/dia, porém nascem outras 2.000. Como a taxa de mortalidade é igual à taxa de natalidade, a população permanece constante. Dessa forma, podemos dizer que a função ou sequência é constante.

As sequências podem ser representadas, graficamente, em um sistema cartesiano. A representação gráfica facilita a compreensão e a visualização da situação analisada. Representando o exemplo das abelhas:

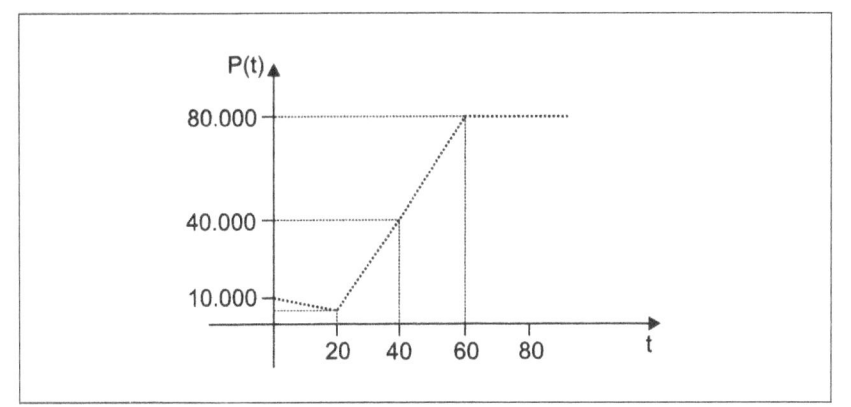

Fig.5.4.

Vamos representar, geometricamente, a variação da população de abelhas do enxame voador nos primeiros 40 dias. Podemos verificar que as taxas de mortalidade, sobrevivência, natalidade: –250; 1750; 2000; 0, respectivamente, são representadas geometricamente, como a razão entre os catetos do triângulo retângulo formado.

$$250 = \frac{10000}{40} = \frac{5000}{20} = \frac{10000 - 5000}{|0 - 20|} = \frac{P_{(0)} - P_{(20)}}{t_{(0)} - t_{(20)}} = \frac{\Delta P}{\Delta t}$$

Para uma melhor compreensão ligando os pontos (O; 10.000); (20; 5000) e (40, O) – (apesar de cometer um "abuso" matemático, no que diz respeito ao exemplo em questão) – resultam triângulos retângulos semelhantes.

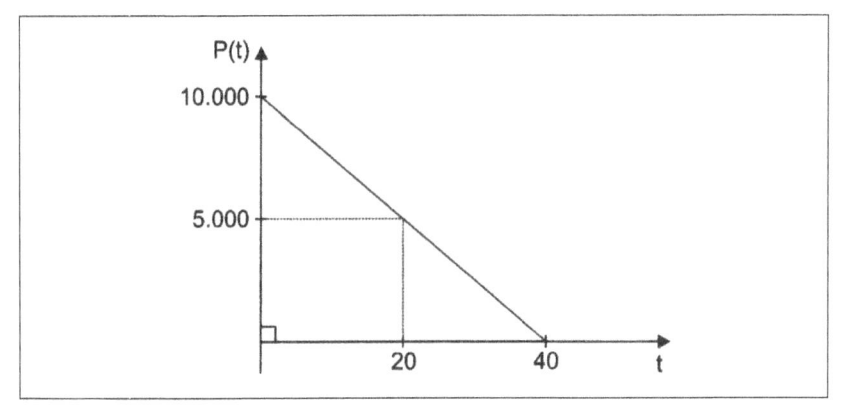

Fig.5.5.

Sendo triângulos semelhantes, os ângulos correspondentes têm a mesma medida. Isso quer dizer que, em cada ponto, a taxa ou a razão é a mesma (dita constante). No exemplo, isto significa que a taxa de mortalidade é a mesma em cada dia.

Além disso, a razão ou taxa dada pela variação entre uma medida e outra (no exemplo entre população e tempo), geometricamente, é dada pela razão entre o cateto oposto pelo cateto adjacente ao ângulo, denominada tangente, isto é:

$$\text{taxa} \rightarrow \text{razão} = \frac{\Delta P}{\Delta t} = \frac{cateto\ oposto}{cateto\ adjacente} = \text{tangente do } \alpha_1$$

tangente ao ângulo ou, também, coeficiente angular.

Analisando as demais sentenças:

☞ A taxa de sobrevivência 1750, geometricamente, é a tangente do ângulo:

$$1750 = \frac{P_{21} - P_{40}}{t_{21} - t_{40}} = \frac{DP}{Dt} = tga_2$$

☞ A taxa de natalidade 2.000, geometricamente, é a tangente do ângulo:

$$2.000 = \frac{P_{41} - P_{60}}{t_{41} - t_{60}} = \frac{\Delta P}{\Delta t} = tg\alpha_3$$

☞ A taxa de crescimento populacional igual a 0:

$$0 = \frac{P_{60} - P_{80}}{t_{60} - t_{80}} = \frac{\Delta P}{\Delta t} = tg\alpha_4$$

O exemplo dado permite mostrar que a sequência não é um assunto divorciado dos outros tópicos matemáticos. As sequências são funções cujo domínio são os números naturais. Na sua representação gráfica, fazemos uso de razão, proporção, geometria plana, geometria analítica, trigonornetria, dentre outros. Precisamos estar atentos para promover um intercâmbio entre os assuntos, entrelaçando-os sempre que for necessário e conveniente. Um olhar especial para isso é importante!

A função a seguir, com quatro sentenças, pode ser considerada um modelo matemático linear da dinâmica populacional da colmeia.

$$P(t) = \begin{cases} -250t + 10.000, & 0 \leq t < 21 \\ 1750t - 30.000, & 21 \leq t < 41 \\ 2.000t - 40.000, & 41 \leq t \leq 60 \\ 80.000, & \text{para } t \geq 60 \end{cases}$$

Nessa condições, podemos responder à questão inicial da proposta: que uma nova colmeia chega em "plena produção" em 60 dias ou dois meses. A validade desta resposta deixamos ao leitor. Considerando que o processo de nascimento e morte, em geral, não é linear, propomos ao leitor que encontre outro modelo levando em consideração a seguinte hipótese: *"a taxa de crescimento populacional das abelhas é proporcional à quantidade que se tem de abelhas a cada instante"*.

> **Esta segunda hipótese permite apresentar progressão geométrica ou função exponencial e também introduzir a soma de uma progressão infinita. Sugestão: considere a taxa de crescimento ou de sobrevivência 0,975 ou 97,5%, uma vez que a**
>
> **taxa diária de mortalidade 2,5% ou $0,025 = \left(\dfrac{250}{10000} \right)$.**
>
> **Para maiores detalhes ver Bassanezi (1990).**

O "mundo" das abelhas é rico em situações que permitem explorar conceitos matemáticos. Por exemplo, o favo, feito de cera, é uma obra espetacular! A cera é um produto derivado da secreção de uma glândula das abelhas entre 18 e 24 dias de idade. Para a produção dessa cera ela precisa de uma temperatura não inferior a 36°. É com essa cera que faz sua principal "obra arquitetônica", o favo, depósito de mel e berço para a prole.

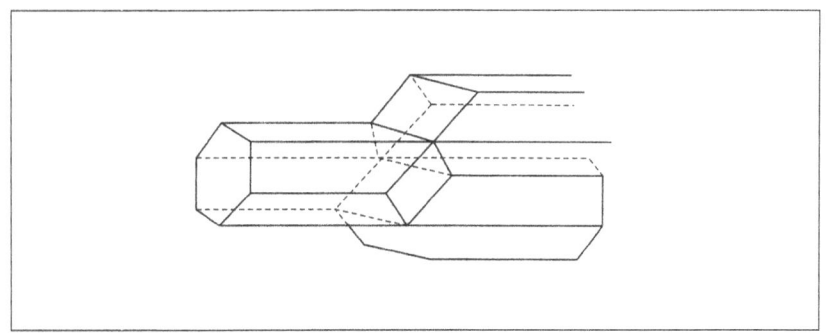

Fig.5.6.

O favo é composto de alvéolos de base hexagonal. Com apenas 0,3 mm de espessura o alvéolo pode suportar um esforço de até 30 vezes o correspondente ao seu peso. Um alvéolo, que constitui os favos, é formado no total por 3 losangos e 6 hexágonos, possuindo a forma de um prisma hexagonal regular, aberto em uma extremidade e formando um ápice triédrico na outra. Os alvéolos são formados a partir da lei natural do mínimo esforço para obter o máximo rendimento. Isto é, a forma apresenta o máximo volume para um mínimo de cera empregada.

Sugestão: explorar a geometria do favo! Conhecer o seu mosaico, discutir com os alunos sua forma de um prisma hexagonal e as razões de não ter as formas quadrada, triangular ou cilíndrica, entender por que o fundo, no encontro de três favos, forma um ângulo triédrico, saber qual a área, ou seja, a quantidade de cera gasta para o favo e a capacidade de mel. Certamente propiciarão discussões interessantes e meios de apresentar muitos conceitos com um maior significado. Uma visita a um apiário também seria de grande valia! Ao leitor interessado no modelo do favo sobre "máximo volume *versus* superfície mínima" ver Batschelet (1978).

6. Cubagem da madeira

A história testemunha o quanto o ser humano desenvolveu e ainda desenvolve, espontaneamente, determinados métodos matemáticos para sua sobrevivência. Esses métodos, muitas vezes, são transmitidos de geração em geração. É o que D'Ambrósio define como etnomatemática. Um exemplo de etnomatemática é o método de cubagem de madeira (cálculo do volume em m³).

Nesta proposta, apresentamos o método para a cubagem de uma árvore, utilizado por um madeireiro de uma cidade do sul do país e a análise quanto à validade. O tema além de permitir desenvolver o programa de Geometria, em particular geometria espacial, sugere valorizar o trabalho de especialistas, em especial aqueles herdados por antepassados.

Segundo o madeireiro, o procedimento para calcular a metragem cúbica de madeira ou tábua que obterá do tronco de uma árvore após o corte é o seguinte:

6.1. Método de cubagem

a) primeiro, estima o ponto central do tronco da árvore;

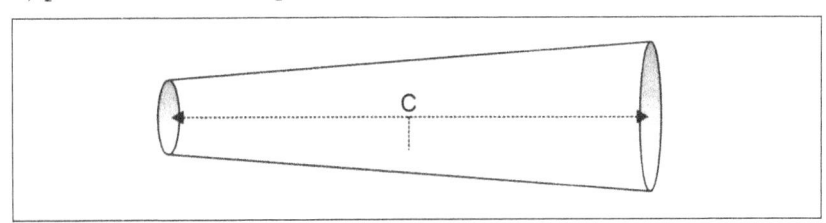

b) com um cordel, a partir desse ponto, encontra o perímetro do tronco (circunferência);

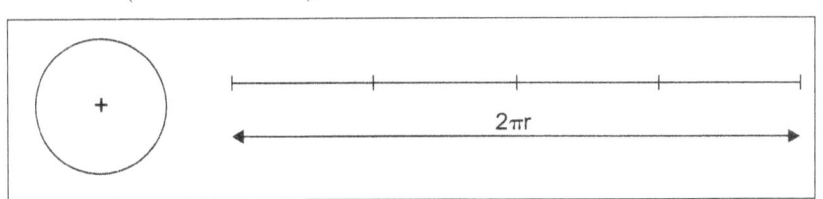

c) a seguir, dobra o cordel (relativo ao perímetro encontrado) em quatro partes iguais $2\pi = 4\ell$

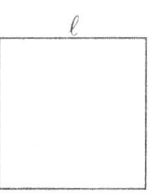

$$2\pi r = 4\ell \qquad \ell = \frac{\pi r}{2}$$

d) num ato contínuo, eleva ao quadrado a medida desse quarto da circunferência;

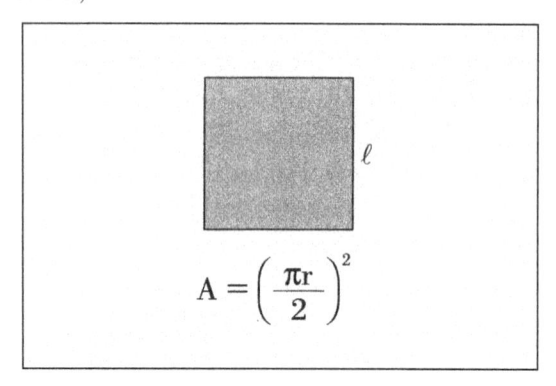

$$A = \left(\frac{\pi r}{2} \right)^2$$

e) e, finalmente, multiplica o valor desse quarto cordel ao quadrado, pela medida da altura da árvore obtendo, então, o volume ou o número de m^3 da madeira.

> Enquanto formula a questão ou interpreta o método você pode ensinar ou relembrar os conceitos de perímetro e área de figuras planas e sólidos geométricos. Em seguida, vá introduzindo a geometria espacial. O importante é que inicie com uma questão sobre o tema chegando ao conteúdo matemático, e não ao contrário.

Qual a validade do método do madeireiro?

Nesse processo, o madeireiro "aproxima" primeiro o tronco (de cone) a um cilindro. Essa aproximação se dará como perímetro, a média entre os perímetros das bases menor e maior do tronco.

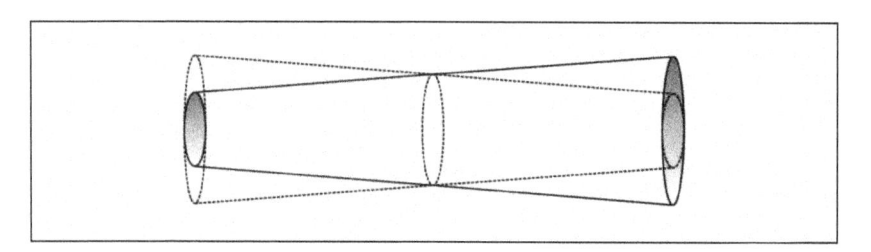

Posteriormente, efetua o cálculo do volume de um prisma de base quadrada. Com isso, a diferença entre os volumes é significativa. Vejamos por quê:

✓ ao dividir o cordel em quatro partes e elevá-lo ao quadrado, o madeireiro calcula a área de um quadrado, ou seja, "transforma" o círculo em um quadrado. Embora os perímetros sejam iguais, as áreas são diferentes.

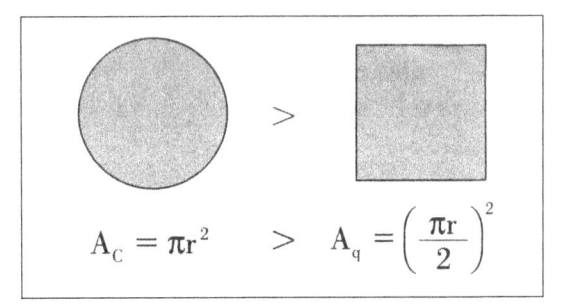

$$A_C = \pi r^2 \quad > \quad A_q = \left(\frac{\pi r}{2}\right)^2$$

✓ ao multiplicar a área (A_q) pela altura (h), determina o volume de um prisma e não de um cilindro. A razão é de $\frac{4}{\pi}$.

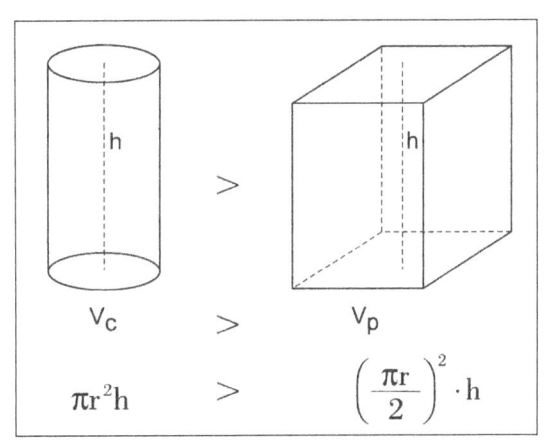

$$V_c \quad > \quad V_p$$

$$\pi r^2 h \quad > \quad \left(\frac{\pi r}{2}\right)^2 \cdot h$$

Nesse caso, o volume obtido pelo método do madeireiro é menor do que o volume do tronco. Isto porque o volume do cilindro é igual a $\frac{4}{\pi}$ do volume do prisma.

Outro fato interessante é que o corte para a obtenção de tábuas, nessa madeireira, era feita de forma hexagonal. Isto é, cortava-se uma tábua e, em seguida, girava-se o tronco em um ângulo (aproximadamente) de 60°, seguindo o processo até não ser mais possível retirar tábuas.

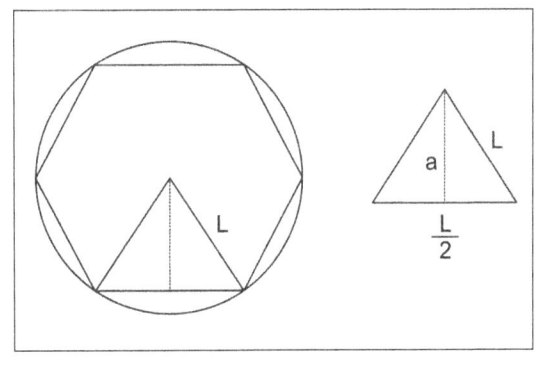

Por esse processo, o volume de um prisma hexagonal é $\left(\frac{3\sqrt{3}}{2}\right) \times L^2 \times h$
Se compararmos os volumes, veremos que:
Volume do cilindro > volume do prisma hexagonal > volume do prisma quadrangular.
Numa análise superficial, observamos que o madeireiro "paga" pelo tronco, como se fosse um prisma de base quadrangu-

lar, corta-o como um prisma de base hexagonal e "ganha" efetuando seus cálculos a partir do cilindro, pois o tronco é transformado em madeira e lenha.

> Apresente o conceito de volume, em particular, de prisma, cilindro e tronco de cone.

Matematizando com dados numéricos

Vamos tomar a medida de uma árvore de eucalipto e passar ao cálculo do volume, supondo que o tronco de eucalipto seja "aproximadamente" um tronco de um cone reto. Fazendo:

$$\text{raio maior } (R) = 0{,}30 \text{ m}$$
$$\text{raio menor } (r) = 0{,}25 \text{ m}$$
$$\text{altura } (h) = 4{,}8 \text{ m}$$

1 - O volume de um tronco de cone reto é igual à diferença entre os volumes do cone (maior) de altura (4,8 m + x) e do cone (menor) de altura x, isto é:

$$V_t = V_C - V_c \Rightarrow V_t = \frac{\pi}{3}(R^2 \times H - r^2 \times h)$$

substituindo os valores:

$$V_t = \frac{\pi(0{,}30)^2\left[4{,}8+x\right] - \pi(0{,}25)^2\, x}{3} = \frac{\pi(0{,}0275x + 0{,}432)}{3}$$

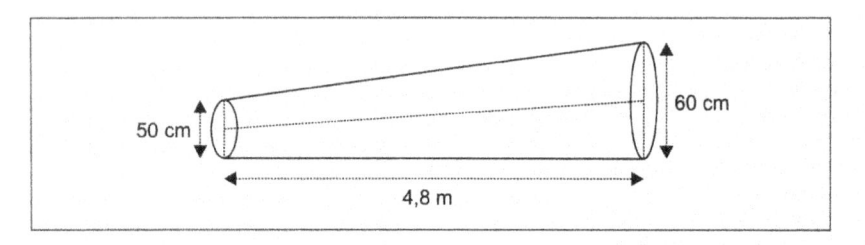

Uma vez que os triângulos ABC e ADE são semelhantes podemos obter o valor de x, por:

$$\frac{R}{r} = \frac{h + x}{x} \rightarrow \frac{0{,}30}{0{,}25} = \frac{4{,}8 + x}{x} \rightarrow x = 24$$

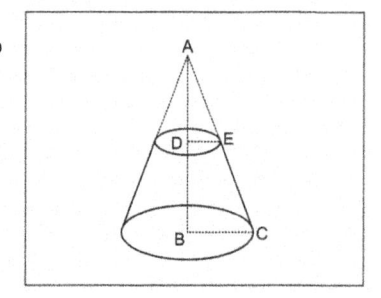

Portanto, o volume do tronco (V_1):

$$V_1 \cong 0{,}364\pi \cong 1{,}143 \text{ m}^3$$

2 - Tomando a tora como cilindro, o volume (V_2)

$$V = \pi r^2 h$$

$$V_2 = \pi(0{,}275)^2\, 4{,}8$$

$$V_3 \cong (0{,}363\pi)\text{m}^3 \cong 1{,}140 \text{ m}^3$$

3 - Obtendo o volume de um prisma hexagonal, por ser este o processo de corte do tronco.

Um hexágono regular de (lado L) é composto por seis triângulos equiláteros.

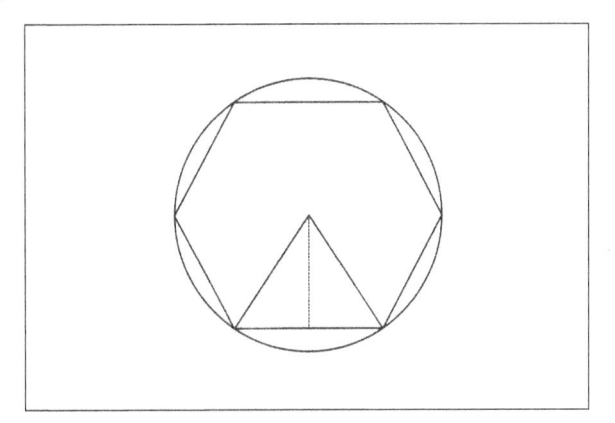

Calculando a área de um triângulo equilátero.

Como a altura do triângulo equilátero é $\dfrac{L\sqrt{3}}{2}$, logo a

área: $\dfrac{L\,\dfrac{L}{2}\,\sqrt{3}}{2} = \dfrac{L^2\sqrt{3}}{4}$

Tendo o hexágono seis triângulos equiláteros, a área é:

$$A_H = 6 \times \frac{L^2\sqrt{3}}{4} = \frac{3\sqrt{3}}{2} L^2$$

Assim, o volume do prisma hexagonal (V_3) será:

$$V_3 = \frac{3\sqrt{3}}{2} L^2 h$$

Substituindo os valores:

$$V_3 = \frac{3\sqrt{3}\,(0{,}275)^2(4{,}8)}{2} \cong 0{,}94\,m^3$$

4 - Pelo método do madeireiro, temos:

$$V_4 = \left(\frac{circunferência}{4}\right)^2 \times h$$

Considerando que o raio na metade do tronco seja a média entre os raios inferior e superior, temos que:

$$circunferência = 2\pi\frac{(R+r)}{2} = 2\pi\left(\frac{0{,}30+0{,}55}{2}\right) = 0{,}55\,\pi\,m$$

$$V_4 = \left[\frac{0{,}55\pi}{4}\right]^2 \times 4{,}8 = \left(0{,}09075\pi^2\right)m^3 \cong 0{,}896\,m^3$$

Comparando os volumes, observamos:

$$
\begin{array}{ccccccc}
V_1 & > & V_2 & > & V_3 & > & V_4 \\
1{,}143 & > & 1{,}140 & > & 0{,}94 & > & 0{,}896
\end{array}
\quad \text{metros cúbicos}
$$

Numa análise superficial, poderíamos dizer que:

a) o madeireiro compra o tronco de árvore por $0{,}896\,m^3$;

b) tem um aproveitamento em madeira de $0{,}943\,m^3$ e,

c) ao aproveitar a casca, obtém também mais $0{,}197\,m^3$

Comparando (b) e (a)

$$\frac{0{,}943 - 0{,}896}{0{,}896} = \frac{0{,}047}{0{,}896} = 0{,}0525 \Rightarrow 5{,}25\%$$

Comparando (c) e (a)

$$\frac{1{,}140 - 0{,}896}{0{,}896} = \frac{0{,}244}{0{,}896} = 0{,}2723 \Rightarrow 27{,}23\%$$

Ou seja, aparentemente há uma diferença não "contabilizada" de 5,25% de madeira ou de 21,9% ao se considerar, também, a casca. Esse cálculo leva-nos a pensar, num primeiro momento, que o método do madeireiro não vale. Ao repensarmos sobre o assunto, contudo, reconhecemos que seu conhecimento a respeito de "cubagem" de madeira vem de longos anos. Se levarmos em conta que o método do madeireiro não foi adquirido em bancos escolares e sim da experiência, possivelmente, passada de geração a geração, como então desconsiderá-lo?

Analisemos como é feito o corte das tábuas.

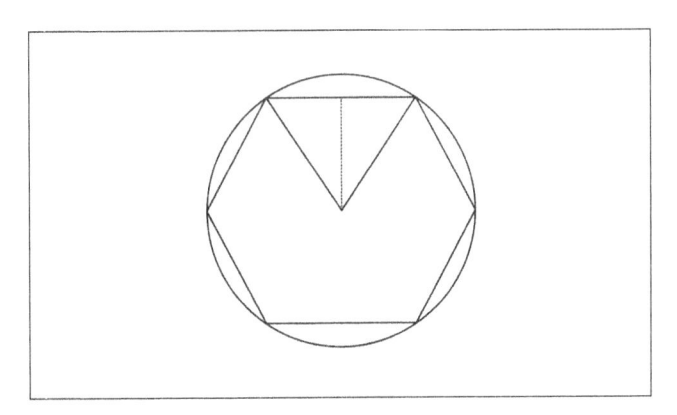

A cada tábua cortada, a lâmina da serra transforma cerca de 1 cm de espessura da madeira em pó. Supondo que a espessura de cada tábua seja 2,5 cm. Em volume de pó, corresponde aproximadamente a 48 prismas de 1 cm de espessura; 4,8 m de comprimento e largura variando, mais ou menos, entre 24,6 cm e 4,3 cm.

Ou seja, a largura depende do número de tábuas.

$$L = 27{,}5 - 2{,}89n$$

onde n é o número de tábuas tiradas

O volume de pó entre duas tábuas em cm^3:

$$\sum_{i=1}^{8} Vi = \sum_{i=1}^{8} 480 \text{ cm}^2 \times (27{,}5 - 2{,}89n) = 55.660 \text{ cm}^3$$

Considerando que o corte da madeira é feito girando o tronco, o volume de pó de serra será aproximadamente:

$$V_{(pó)} = 6 \times (55660) = 333964{,}8 \text{ cm}^3 \cong 0{,}33 \text{ m}^3$$

Comparando:

1,140 m³ (madeira mais casca) – 0,33 m³ (pó) = 0,81 m³ (volume de madeira)

Em percentagem, representa: $\dfrac{0,33 \times 100}{1,140} = 28,9\%$, aproximadamente. Segundo o madeireiro, a perda é em torno de 20%.

Tomando o valor determinado pelo cálculo de volume feito pelo método do madeireiro e subtraindo do valor "real":

$$1,140 \text{ m}^3 - 0,896 \text{ m}^3 = 0,244 \text{ m}^3 \text{ de perda.}$$

O que representa, em percentual: $\dfrac{0,244 \times 100}{1,140} = 21,4\%$ uma perda em torno de 21%.

> Se for oportuno, vá com os alunos até uma madeireira para verificar o processo de cubagem, corte e tratamento da madeira. Peça aos alunos que verifiquem entre os familiares ou vizinhos o método que utilizam para fazer alguma outra medida. Com certeza, aparecerão situações peculiares.

Os cálculos que apresentamos a respeito da madeira transformada em pó de serra são um "tanto grosseiros" e demandariam um retorno à serraria a fim de verificar a real perda e reconsiderar o método de cálculo do madeireiro. Acreditamos, porém, que a diferença, para mais ou para menos, em quantidades de números e percentuais, seria desprezível. Pelo que apresenta, o método da cubagem é válido. O que mostra o valor da experiência. Podemos dizer que o método de cubagem de madeira do madeireiro é um modelo matemático, pois "aproxima" o tronco de cone (no caso da árvore) a um prisma de base quadrada para saber o volume ou o número de metros cúbicos de tábuas que conseguirá obter de uma árvore.

A interpretação e análise sob o ponto de vista matemático, a respeito do conhecimento de pessoas que, possivelmente, muito pouco frequentaram bancos escolares, é um exercício interessante que, sem dúvida, permite não só aos alunos como também aos professores conhecer como a Matemática interage com a vida dos povos, valendo assim, como recurso de motivação para a aprendizagem.

7. Criação de Perus

As empresas alimentícias vêm ganhando a cada dia mais espaço. Isso decorre das atividades em que nos envolvemos reduzindo nosso tempo para realizar tarefas comuns do dia a dia, como preparar nossa alimentação. Isso nos leva a buscar alimentos prontos, ou parcialmente preparados para facilitar nossa vida. Dentre esses alimentos estão os produtos granjeiros.

Nesta proposta, apresentamos um modelo sobre o tempo ideal de abate de perus, particularmente as fêmeas. Faremos uso de funções polinomiais. Pode ser adaptado para alunos do ensino médio ou para a graduação no ensino de Cálculo Diferencial Integral.

Segundo especialistas, nas granjas comerciais, logo após o nascimento, machos e fêmeas são alojados separadamente. Com luz e temperatura controladas e espaço físico definido de acordo com etapas de crescimento, fêmeas e machos permanecem no aviário até o momento de abate, que ocorre entre 70 e 84 dias para as fêmeas e em até 160 dias para os machos. O período de abate é definido a partir de uma análise da relação entre o consumo de ração e o ganho de massa. A tabela a seguir, extraída de uma revista especializada, apresenta o aumento de massa (g) das fêmeas em função do consumo de ração (g) nas 18 primeiras semanas.

7.1.
Crescimento de perus em granjas

Tabela 7.1. Massa e consumo de ração das fêmeas de perus nas primeiras semanas.

Idade	Massa	Consumo de ração	Idade	Massa	Consumo de ração
1	107	104	10	4194	1568
2	222	230	11	4870	1710
3	423	340	12	5519	1957
4	665	470	13	6141	1969
5	971	700	14	6732	2093
6	1466	922	15	7290	2115
7	2079	1146	16	7813	2165
8	2745	1270	17	8299	2160
9	3495	1396	18	8744	2180

Fonte: Dados de uma agropecuária de Santa Catarina.

Pela tabela, o ganho de massa do peru (macho ou fêmea) depende do tempo e da quantidade de ração consumida. Num primeiro momento, por exemplo, consideraremos apenas o tempo e o ganho de massa.

Chamando: $\begin{cases} t - \text{tempo} \\ m - \text{massa} \\ m(t) - \text{massa em função do tempo} \end{cases}$

Utilizando os dados da tabela que relacionam tempo e ganho de massa das fêmeas, façamos, inicialmente, uma representação gráfica:

Fig. 7.1. Representação gráfica da massa das fêmeas de peru nas 18 primeiras semanas.

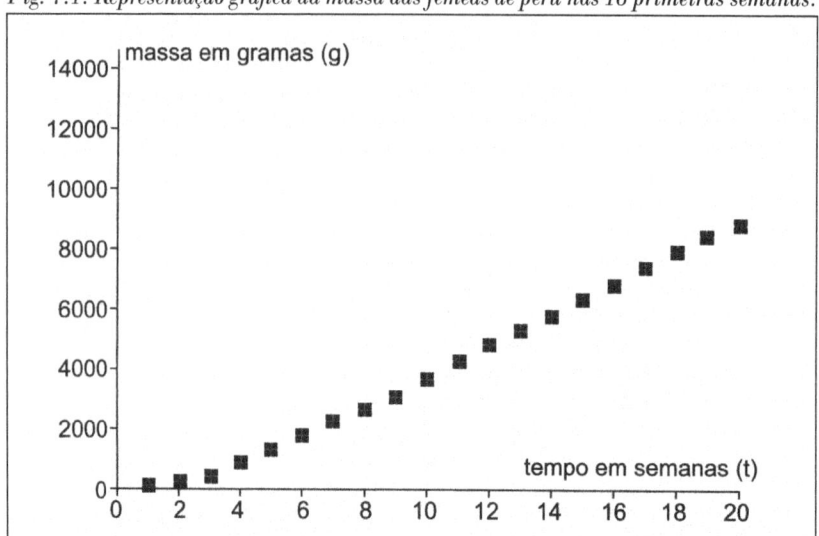

Como é conhecido apenas um conjunto finito e discreto de pontos de um intervalo, podemos encontrar uma forma analítica que seja melhor, se houver uma "aproximação da realidade". Criar uma função que interpole uma "nuvem" de dados significa construir uma expressão matemática que revele as tendências do "conjunto todo".

> Você poderá desenvolver o conceito de função elementar e/ou sistemas lineares e matrizes. Uma vez que para encontrar a forma analítica, neste caso, uma função polinomial (linear; quadrática, n-ésimo grau), você pode utilizar-se de sistemas

lineares, forma matricial. Você pode ainda sugerir que encontrem uma função do 1º grau, depois uma de 2º grau, e assim por diante, decidindo pela expressão que melhor se aproxime dos dados.

Sugestão:

Usando uma régua, escolha 2 pontos do gráfico, cuja reta que os contém seja a mais próxima possível dos demais pontos dados. Tomando, por exemplo, os pontos P_4: (4,665) e P_{14}: (14,6732), e substituindo as coordenadas na expressão $y = ax + b$, determinando um sistema linear de ordem 2:

$$\begin{cases} a\, x_1 + b = y_1 \\ a\, x_2 + b = y_2 \end{cases}$$

onde x_1 e x_2 representam o 4º e o 14º meses e y_1 e y_2 as massas 665g e 6732g.

$$\begin{cases} 4a + b = 665 \\ 14a + b = 6732 \end{cases}$$

Resolvendo o sistema, encontramos os valores $a = 606,7$ e $b = -1761,8$. Obtêm-se os coeficientes de uma função polinomial de 1º grau (ou função afim).

$y = 606,7\, x - 1761,8$ \hspace{2cm} para $3 < x < 20$,

onde x representa o tempo em semanas e y, a massa em gramas.

É importante discutir com os alunos os significados dos coeficientes angular e linear, o domínio e a imagem da função etc. Na função empírica o coeficiente angular $a = 606,7$ representa a taxa média semanal do ganho de massa da perua; o domínio da função (o período de crescimento) é o período entre 3 e 20 semanas, uma vez que pela expressão obtida, no momento inicial (nascimento), o valor de y (massa) é $-1761,8$ g, o que na realidade é impossível. A perua ao nascer tem uma medida em massa. Entendemos que essas discussões são importantes para o aluno compreender os conceitos envolvidos.

Você pode em seguida propor aos alunos que calculem a taxa média de crescimento semana a semana a partir dos dados. A partir daí, poderão verificar que a taxa varia de semana a semana, isto é, a taxa não é constante. O que mostra que essa função "crescimento em relação ao tempo" não seja linear. Embora o crescimento da ave não seja linear essa função empírica que está "próxima" dos pontos permite, ainda que de maneira superficial, encontrar a massa da fêmea em um tempo qualquer, levando em conta é claro o tempo de vida da ave. Como a função empírica é estritamente crescente e não permite determinar, matematicamente, o tempo ideal de abate, justifica-se buscar outra expressão matemática que melhor se adapte ao modelo.

Vamos selecionar alguns pontos e encontrar uma "lei de formação" que melhor se "aproxima" dos dados. Por exemplo, selecionando os pontos que se supõem convenientes, como P_1, P_5, P_9, P_{13} e P_{17}.

$$\begin{cases} ax_1^4 + bx_1^3 + cx_1^2 + dx_1 + e = y_1 \\ ax_5^4 + bx_5^3 + cx_5^2 + dx_5 + e = y_5 \\ ax_9^4 + bx_9^3 + cx_9^2 + dx_9 + e = y_9 \\ ax_{13}^4 + bx_{13}^3 + cx_{13}^2 + dx_{13} + e = y_{13} \\ ax_{17}^4 + bx_{17}^3 + cx_{17}^2 + dx_{17} + e = y_{17} \end{cases}$$

e, substituindo as coordenadas dos pontos selecionados, tem-se o

$$\begin{bmatrix} 1 & 1 & 1 & 1 & 1 \\ 625 & 125 & 25 & 5 & 1 \\ 6561 & 729 & 81 & 9 & 1 \\ 28561 & 2197 & 169 & 13 & 1 \\ 83521 & 4913 & 289 & 17 & 1 \end{bmatrix} \cdot \begin{bmatrix} a \\ b \\ c \\ d \\ e \end{bmatrix} = \begin{bmatrix} 107 \\ 971 \\ 3495 \\ 6141 \\ 8299 \end{bmatrix}$$

seguinte sistema, escrito na forma matricial:

Os resultados obtidos usando-se algum programa computacional ou métodos numéricos são:

a = 0,151; b = –8,234; c = 150,318; d = –454,203; e = 418,969, o que resulta na função polinomial de quarto grau:

$$m(t) = 0{,}151t^4 - 8{,}234t^3 + 150{,}318t^2 - 454{,}203t + 418{,}969$$

Os resultados encontrados permitem uma análise e interpretação, podendo-se chegar a um modelo matemático. A função polinomial obtida está bem próxima dos dados. No entanto, à primeira vista, nada se pode garantir quanto à sua veracidade. É necessária uma análise dos resultados obtidos e devida interpretação.

Figura 7.2. Representação gráfica da função polinomial interpolada.

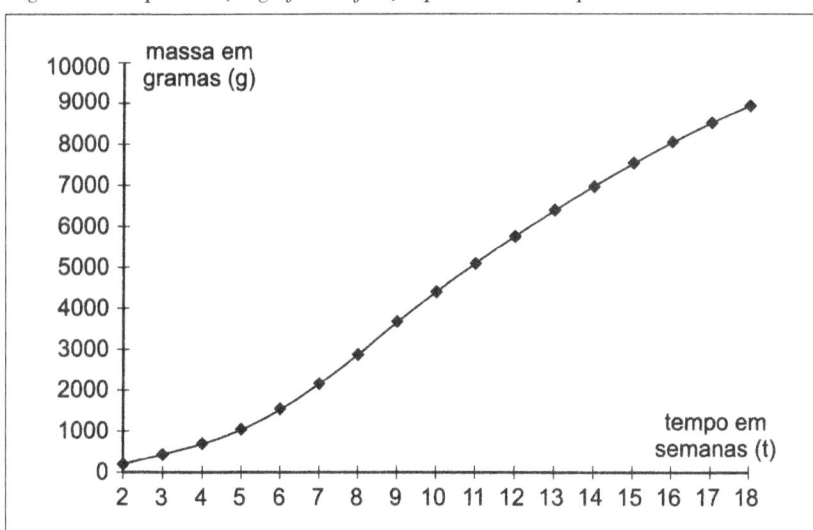

Pelo gráfico, observamos que a velocidade de crescimento das peruas depende da idade. Devido ao seu lento crescimento até a terceira semana, a interpolação efetuada chega a apresentar, teoricamente, uma perda de peso, o que na realidade não ocorre. Desse modo, consideraremos apenas a partir da quarta semana. Pela curva, observamos que a perua ganha massa ao longo das dezoito semanas, porém a "velocidade" desse ganho passa a reduzir-se a partir de um certo período. Vamos analisar o ganho médio semanal de massa da perua a partir da quarta semana, isto é, a diferença entre as massas de uma semana para outra: $M = m(t) - m(t - 1)$. A tabela a seguir mostra as taxas médias de massa semanal.

M'(4) = 242g/semana	**M'(9) = 750g/semana**	M'(14) = 591g/semana
M'(5) = 306g/semana	M'(10) = 699g/semana	M'(15) = 558g/semana
M'(6) = 495g/semana	M'(11) = 676g/semana	M'(16) = 523g/semana
M'(7) = 613g/semana	M'(12) = 649g/semana	M'(17) = 486g/semana
M'(8) = 666g/semana	M'(13) = 622g/semana	M'(18) = 445g/semana

Pelos dados da tabela, o tempo ideal para o abate das peruas é logo depois da nona semana, pois nesse período o ganho de massa semanal chega a 750g/semana, decaindo a partir da décima (699 g/semana). Após essa idade a perua cresce, porém não mais no mesmo ritmo. Dessa forma, a ração que essa perua iria consumir nas próximas semanas pode ser aproveitada na criação de uma outra perua.

Podemos, também, usar a função encontrada para obter os valores numéricos, ou seja, o ganho de massa nas 18 semanas encontrando a média em seguida, para verificar se coincide com o máximo de ganho de massa por volta da nona semana. Se isso ocorrer, podemos dizer que a função vale como um modelo matemático para uma interpretação, ainda que superficial desse crescimento dos perus, em particular da fêmea. E, consequentemente, o período ideal de abate.

> Os dados poderiam ser ajustados usando o método dos mínimos quadrados. A partir da função encontrada, o ponto ótimo, ou seja, o momento ideal de abate, pode ser encontrado fazendo uso de derivação. Nesses termos, o modelo pode ser adaptado para o ensino de Cálculo Diferencial Integral.

Segundo especialistas, o abate das fêmeas ocorre entre 70 e 84 dias. Podemos, também, fazer uma análise dos dados do crescimento da perua, ajustando funções polinomiais. Esse tratamento estatístico denomina-se análise de regressão e consiste em determinar uma função, no nosso caso uma polinomial de $4°$, que se ajuste aos pontos dados, de modo que as diferenças entre os valores observados (reais) e os valores estimados (previsão) sejam as menores possíveis. Tecnicamente este procedimento é denominado método dos mínimos quadrados. No caso das peruas chega-se a:

$$\hat{Y} = 0{,}078X^4 - 5{,}531X^3 + 118{,}853X^2 - 341{,}300X + 414{,}869$$

e sua derivada, que nos dará a taxa de crescimento semanal, é dada por:

$$\hat{Y}' = 0{,}312X^3 - 16{,}593X^2 + 237{,}706X - 341{,}3$$

Voltando à nossa nomenclatura, anteriormente usada, podemos escrever:

$$m(t) = 0{,}078t^4 - 5{,}531t^3 + 118{,}853t^2 - 341{,}3t + 414{,}869$$

e

$$m'(t) = 0{,}312t^3 - 16{,}593t^2 + 237{,}706t - 341{,}3$$

Nosso novo quadro de crescimento semanal fica agora:

m'(4) = 364g/semana	m'(9) = 681g/semana	m'(14) = 590g/semana
m'(5) = 471g/semana	**m'(10) = 688g/semana**	m'(15) = 544g/semana
m'(6) = 555g/semana	m'(11) = 681g/semana	m'(16) = 492g/semana
m'(7) = 617g/semana	m'(12) = 660g/semana	m'(17) = 437g/semana
m'(8) = 658g/semana	m'(13) = 630g/semana	m'(18) = 381g/semana

Usando a função ajustada, isto é:

$$m(t) = 0{,}078t^4 - 5{,}531t^3 + 118{,}853t^2 - 341{,}3t + 414{,}869$$

Verificamos que um de seus pontos de inflexão ($m''(t) = 0$) está em $t \cong 10$, o que mostra que o abate deve ser efetuado durante a 11ª semana, ou seja, entre 70 e 77 dias. Embora apresente uma resposta boa, esse modelo pode ser melhorado levando-se em consideração outras variáveis relevantes, como a quantidade e o tipo de ração consumida.

Podemos, ainda, optar pelo uso de uma curva logística.

O caminho mais comum para lidar com situações de crescimento inibido é o modelo logístico, definido em termos da equação diferencial:

$$y' = ay - by^2$$

onde a e b são constantes e $b < a$. O termo $(-by^2)$ serve para inibir ou retardar a taxa de crescimento. Quando a população $y(t)$ é pequena, este termo tem pouco efeito no valor de y' e assim a população começa com o crescimento quase exponencial. Como y aumenta, o termo de inibição serve para reduzir a taxa de crescimento drasticamente. O gráfico da solução resultante (obtido por meio da integração da equação diferencial que usa frações parciais)

$$y = \frac{y_0}{e^{-at}\left(1 - \dfrac{by_0}{a}\right) + \dfrac{by_0}{a}}$$

é o típico formato de S alongado mostrado na figura 7.2.

Nesta expressão, y_0 representa a população inicial no momento $t = 0$. O limite de $y(t)$ como t representa infinidade, conhecido como o *limite de crescimento* ou a *população máxima sustentável*, porque este modelo é precisamente igual à relação de $\dfrac{a}{b}$.

Nota-se que este limite é independente da população inicial. De fato, se y_0 é maior que o valor limitado, então o valor para y decairá de forma monótona ao limite. A curva logística tem seu de ponto inflexão em $y_{inf} = \dfrac{a}{2b}$.

No modelo logístico do crescimento das peruas chegamos em:

$$y(t) = \frac{107}{0{,}9872e^{-0{,}4345t} + 0{,}0128}$$

Graficamente obtemos assim:

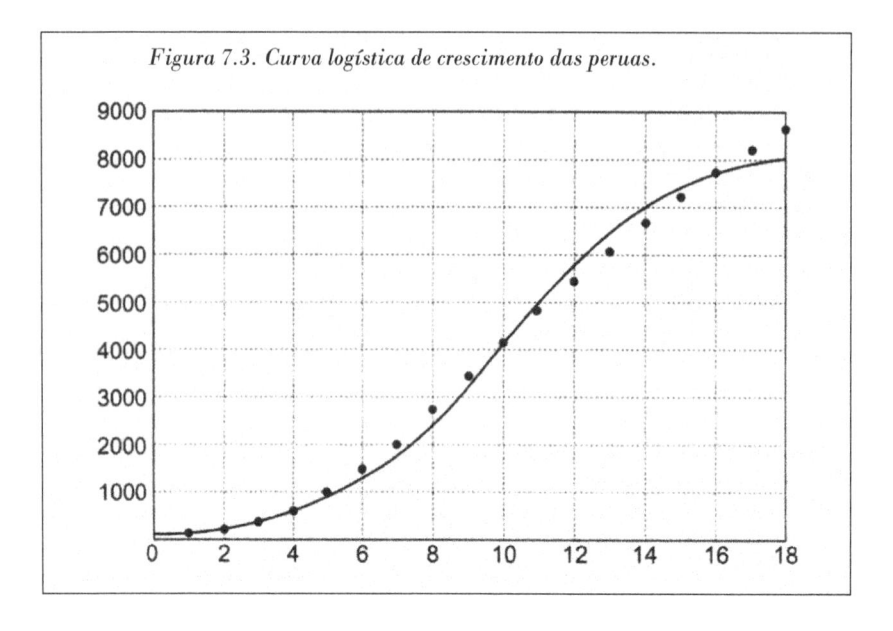

Figura 7.3. Curva logística de crescimento das peruas.

Para um curso mais avançado, em que o programa seja equações diferenciais os dados podem ser adaptados ao modelo de Von Bertalanffy, generalizado para aves. O leitor interessado pode consultar a obra de Bassanezi e Ferreira. Seja qual for o curso, uma visita a uma granja para fazer uma "checagem" e verificar a adequabilidade do modelo complementaria o trabalho.

CONSIDERAÇÕES FINAIS

A adoção de modelos matemáticos no ensino, seja na forma de apresentação, seja no processo de criação, dimensionados de forma adequada à realidade das comunidades escolares, incorporando novas tecnologias, sem deixar de preservar identidades culturais, é um meio que propicia ao aluno atingir melhor desempenho, tornando-o um dos principais agentes de mudanças.

Ao participar de um trabalho com modelagem ou modelação, no qual o conteúdo não é dissociado da realidade, pois há conexão entre o que se aprendeu e o que se executou, acreditamos que alunos e professores tornar-se-ão mais entusiastas com a possibilidade de transformar a escola, ainda que de forma lenta e gradual, para que ela venha a exercer o papel que lhe cabe na preparação do indivíduo para atuar no meio circundante.

O ensino-aprendizagem de Matemática será mais gratificante, uma vez que o aluno passe a aprender o que lhe desperta interesse, tornando-o então corresponsável pelo seu aprendizado. E o professor orientador também sai ganhando no sentido de que cada tema escolhido por seus alunos possibilita aquilatar seu conhecimento.

O que propomos não é um manual de regras, mas sim o resultado de uma vivência prática, de uma análise de diversos fatores sobre a instituição de ensino, das necessidades do meio em que vivemos e que está em crescente desenvolvimento tecnológico. A despeito das dificuldades encontradas, os resultados positivos têm-nos levado a acreditar e apostar, cada vez mais, neste trabalho, que tem como ponto central estimular a criatividade do indivíduo em desenvolver-se e enfrentar com sucesso o próximo milênio.

BIBLIOGRAFIA

ADLER, Irving. *Matemática e desenvolvimento mental*. Tradução: Anita Rondon Berardinelli. São Paulo: Editora Cultrix, 1970.

BACHRACH, Arthur J. *Introdução à pesquisa psicológica*. São Paulo: Helder, 1969.

BARBOSA, Ruy Madsen. *Descobrindo padrões em mosaicos*. São Paulo: Atual, 1993.

BASSANEZI, Rodney C. Modelagem matemática como método de ensino-aprendizagem. *Boletim da SBMAC*, 1990.

_____. *Modelagem como método de ensino de matemática. In Enseñanza científica y tecnológica* – Educación Matemática em las Americas, v. II, n. 37, p. 130-155. CIAEM – UNESCO, Paris, 1990.

BASSANEZI, Rodney C. & FERREIRA JR., Wilson Castro. *Equações diferenciais com aplicações*. São Paulo: Editora Harbra Ltda, 1988.

BASSANEZI, Rodney C. & BIEMBENGUT, Maria Salett. *A gramática dos ornamentos e a cultura de Arica*. Unicamp, 1987.

_____. Modelación matemática: una antigua forma de investigación – un nuevo método de enseñanza. Islas Canarias: *Revista de Didáctica de las Matemáticas*, diciembre, 1997.

BATSCHELET, E. *Introdução à matemática para biocientistas*. Tradução: Vera M. A. P. da Silva e Junia Maria P. Quitete. São Paulo: Editora da Universidade de São Paulo, 1978.

BAUM, Robert J. *Philosophy and Mathematics*. Freeman Cooper and Co., 1973.

BIEMBENGUT, Maria Salett. *Modelação matemática como método de ensino-aprendizagem de matemática em cursos de 1º e 2º graus*. Dissertação de mestrado – Unesp, 1990.

_____. *Número de ouro e secção áurea: considerações e sugestões para a sala de aula*. Blumenau: Editora da FURB, 1996.

_____. *Modelagem matemática & implicações no ensino-apren- dizagem de matemática*. Blumenau: Editora da FURB, 1999.

BIEMBENGUT, Maria Salett; SILVA, Viviane Clotilde da; HEIN, Nelson. *Ornamentos x criatividade: uma alternativa para ensinar geome- tria plana*. Blumenau: Editora da FURB, 1996.

BIEMBENGUT, Maria Salett & HEIN, Nelson. Uma proposta para o ensino de cálculo. *Revista Temas & Debates*, n. 6, p. 44-59, SBEM, 1995.

_____. O cálculo da cubagem da madeira: contribuição para o ensino de matemática. *Revista Exatas* – Depto. de Ciências Exatas – UNOESC: Chapecó, 1997.

BOYER, Carl B. *História da matemática*. São Paulo: Edgard Blucher Ltda., 1974.

CRANE, Eva. *O livro do mel*. Tradução de Astrid Kleinert Giovanni- ni. São Paulo: Nobel, 1983.

D'AMBRÓSIO, Ubiratan. *Etnomatemática: arte ou técnica de explicar e conhecer*. 3. ed. São Paulo: Editora Ática, 1998.

DAVIS, Philip J. & HERSH, Ruben. *A experiência matemática*. 2. ed. Francisco Alves Editora, 1985.

ERNST, Bruno. *The magic mirror of M. C. Escher*. Nova York: United States by Ballantine Books, 1976.

GRANGER, Gilles-Gaston. *A razão*. 2. ed. São Paulo: Difusão Euro- peia do Livro, 1969.

KLAOUDATOS, Nicos. Modelling – orientated teaching (a theoretical development for teaching mathematics through the modelling process). *IJMEST*, v. 25, 1, p. 69-70, 1994.

LEDERGERBER-RUOFF, Erika Brigitta. *Isometrias e ornamentos do plano euclidiano*. São Paulo: Atual, 1982.

ROHDE, Geraldo M. *Simetria*. São Paulo: Hemus Editora, 1982.

SCHATTSCHNEIDER, Doris & WALKER, Wallace. *M. C. Escher: Kalei- docycles*. Inglaterra: Tarquin Publication, 1982.